Manfred Neuhold

Zauber
Kräuter

Manfred Neuhold

ZAUBER KRÄUTER

Steirische Verlagsgesellschaft

Die Deutsche Bibliothek – CIP-Einheitsaufnahme

Neuhold, Manfred:
Zauberkräuter / Manfred Neuhold. –
Graz: Steirische Verl.-Ges. 2000
ISBN 3-85489-027-3

Haftungsausschluß:
Die Anwendungshinweise wurden von Autor und Verlag sorgfältig geprüft. Eine Haftung ist jedoch in jedem Fall ausgeschlossen. Die nicht als Anwendungsbeispiele angeführten Rezepturen können zum Teil Einschränkungen durch Drogen- und Heilmittelgesetze unterliegen. Für deren Einhaltung ist jeder Leser selbst verantwortlich.

Illustrationen, Fotos und Satz: Manfred Neuhold, Graz
Druck: Obersteirische Druckerei & Verlagsgesellschaft m.b.H., Leoben

ISBN 3-85489-027-3

Oh Du Seele des unendlichen Raumes, vor der
die Zeit beschämt, der Geist verwirrt und das
Verstehen dunkel ist!
Wir können nicht zu Dir gelangen, außer
Dein Bild ist Liebe.
So rufen wir Dich an durch die Bilder der Liebe, durch
Wurzel und Samen, durch Stengel und Knospe, durch
das Blatt und die Blüte und die Frucht.

Aleister Crowley

Zauber der Kräuter und Kräuterzauber

Kräuter sind von einem ganz eigenen Flair umgeben. In einer schier unüberschaubaren Vielfalt von Formen bezaubern sie uns durch ihre Schönheit, in allen Bereichen des Lebens dienen sie uns mit ihrem Nutzen, und trotzdem bewahren sie einen Rest von Geheimnis. Vielleicht, weil Gegensätze – außer beim Menschen – nirgendwo sonst so deutlich zum Ausdruck kommen wie im Wesen der Kräuter: Sie pflegen und heilen, würzen unsere Speisen, erweitern unser Bewußtsein, erfreuen uns mit ihrem Duft, bereiten uns Genuß und Sinnesfreude; sie können aber auch den Geist verwirren, und sie können qualvoll töten.

Die Kulturgeschichte des Menschen ist von Anfang an auch eine Geschichte der Beziehung zwischen Mensch und Kräutern. In jeder Kultur, von der wir wissen, haben Kräuter einen hohen Stellenwert – im Alltagsleben und im Kult. Unabhängig von Ort und Zeit hat jedes Volk, jeder Stamm „seine" Kräuter gefunden und gelernt, sie zu nutzen. Die Träger des Wissens um die Kraft der Kräuter galten als mächtig, oft genug als allmächtig. Der Medizinmann eines Indianerstammes am Amazonas und die ägyptische Göttin, die germanische Hexe, der Druide, der Schamane und die Zauberin Circe bei Homer – sie alle haben eines gemeinsam: Sie sind Kräuterkundige.

An sich verdienen alle Kräuter die Bezeichnung „Zauberkräuter". Denn jedes Kräutchen hat seinen eigenen Zauber und sein eigenes Wesen. Manche Kräuter nehmen es dem Unkundigen nicht übel, wenn er sie nicht ganz im Sinne ihrer Eigenart verwendet: Wer den Majoran überdosiert, hat höchstens mit einem zu intensiv schmeckenden Bratensaft zu rechnen. Viele andere Kräuter sind nicht so tolerant. Bilsenkraut beispielsweise ist seit der griechischen Antike als wirkungsvolles Mittel zur Stärkung der Liebeskraft bekannt. Diese Wirkung entfaltet es jedoch nur bei genauer Dosierung und Beachtung mancher anderer Voraussetzungen. Schon antike Schriftsteller vermitteln uns ein klares Bild davon, was der Gebrauch dieser Droge durch Unkundige bewirkt: Raserei und Tod. Aber selbst die uns so vertraute Petersilie ist nicht so harmlos, wie wir meinen möchten. Wenige Blättchen würzen die Suppe, aber der Absud ihrer Blätter war einer jener Tränke, mit dessen Hilfe die Hebammen des Mittelalters erfolgreich Abtreibungen durchführten. Ohne eine strikte Eingrenzung vorzunehmen, wollen wir deshalb als Zauberkräuter jene Gewächse betrachten, die in irgendeiner Weise mit einer Wandlung, mit Wendepunkten im Leben, mit Ritualen, Kulten oder Mythen in Beziehung stehen. Und wenn wir dann von Zauberkräutern reden, sollte auch klar sein, was mit dem Begriff „Zauber“ eigentlich gemeint ist.

„Zauberei und Magie ist alles, was sich der mathematisch-naturwissenschaftlichen Betrachtung entzieht“, war die Meinung des britischen Philosophen und Mathematikers Bertrand Russell. In dieser Aussage steckt bereits der Hinweis darauf, daß man die Welt als eine komplexe Erscheinung zwischen zwei Gegensätzen auffassen kann: Geist und Materie, Ordnung und Chaos, Licht und Dunkel, Gut und Böse. Jede Eigenschaft ist notwendig, um die andere, gegenteilige überhaupt wahrnehmen zu können. Wer die Nacht nicht kennt, weiß nicht, was der Tag ist. Und das Sein setzt ein Nichts voraus, um sich manifestieren zu können. Erst die Gesamtheit aller Gegenpole ergibt die Einheit der Welt.

Der Mensch nimmt in dieser Einheit eine Sonderstellung ein. Für die meisten Lebewesen beschränkt sich die Betrachtung der Welt und ihrer Phänomene auf zwei grundsätzliche Fragen. Erstens: Sind sie für mich gefährlich? Und zweitens: Kann ich sie fressen? Nur der Mensch geht über diese beiden Fragen hinaus, und daran ist sein Bewußtsein schuld. Der Mensch erfährt die Welt als Wirklichkeit, die er mit seinen Sinnen wahrnehmen kann. Er ist sich seiner selbst innerhalb der wahrgenommenen Welt bewußt. Und er ist mit der Welt nicht zufrieden, weil sie nicht seiner Vorstellung von Welt entspricht. Die Vorstellung aber, das Bild, das sich der Mensch in seinem Kopf macht und der Realität entgegenstellt – das ist der Punkt, an dem die Kultur beginnt: Der Mensch fügt der Gesamtheit aller Gegenpole der Welt einen weiteren hinzu. Dieser eine Pol aber steht nicht zu einem einzigen anderen im Gegensatz, sondern zu vielen. Die Folge ist geradezu zwingend das Bestreben des Menschen, die Welt zu verändern.

Bis zum Beginn der Neuzeit (im europäischen Raum) sah sich der Mensch trotz all seiner Wünsche und Vorstellungen als Teil der Natur und mit seiner Kultur in die Natur eingebunden. Alle Veränderungen der Welt brachten die Welt selbst nicht aus dem Gleichgewicht: Geben und Nehmen hielten sich die Waage. Das änderte sich erst mit der sogenannten „Technischen Revolution“ – und wohin das in den schlimmsten Auswirkungen führte und führt, sehen wir heute an den vielfältigen Umweltproblemen und dem Zustand unseres Planeten. Fast könnte man meinen, der Mensch habe im Rausch der technischen Machbarkeit sein Bewußtsein, die Voraussetzung seines Veränderungswillens, verloren. Zumindest aber das Bewußtsein dafür, daß jede äußere Veränderung auch eine innere Wandlung verlangt, weil nur dadurch das lebens- und überlebensnotwendige Gleichgewicht in der Natur und der Welt erhalten bleibt.

Dieses Gleichgewicht kann man als allererstes Naturgesetz ansehen. Denn die Veränderung, die Wandlung als solche, bringt die Welt nicht aus dem Gleichgewicht. Die Welt besteht in der Wandlung, alles ist in Wandlung begriffen, und was sich nicht wandelt, ist nicht existent. Der Jahreslauf ist ein Kreislauf des Wandels, jeder Baum gibt Zeugnis davon.

Er bildet Knospen, blüht, reift Früchte aus und wirft dann seine Blätter ab, um in der Winterruhe scheinbar zu vergehen. Jedes Leben ist auf Wachstum ausgerichtet, auf den Wandel vom Nichts zur Vollendung und zum Vergehen.

Dieser kontinuierliche Wandel ist nicht zufällig, er unterliegt den Naturgesetzen. Trotzdem ist er über gewisse Bereiche lenkbar. Wer über das entsprechende Bewußtsein und das nötige Wissen verfügt, kann die Gesetze des Wandels begreifen und sie nutzen. Das ist Zauberei, ist Magie: Sie nutzt bewußt die Kräfte des Wandels.

Unter den Kräutern gibt es viele, die den Menschen bei diesem Bestreben unterstützen. Voraussetzung ist einerseits das Wissen um die Kräuter und ihre Eigenschaften, andrerseits die innere Einstellung und die Haltung im Umgang mit den Kräutern und ihrer Wirkung. Der äußere Pol der materiellen Substanz, die die Kräuter liefern, muß sich mit dem inneren Pol des Bewußtseins im Gleichgewicht befinden.

Diese Forderung wird allgemein akzeptiert, wenn es beispielsweise um den rituellen Gebrauch von bewußtseinserweiternden Kräutern durch Schamanen geht. Niemand wird die Notwendigkeit von Wissen, Erfahrung und einer entsprechenden inneren Einstellung im Umgang mit so „gefährlichen" Drogen anzweifeln. Aber: Diese Kombination von „Äußerem" und „Innerem" soll für den Umgang mit allen Zauberkräutern bestimmend sein, weil sie nur dann ihre ganze Wirksamkeit entfalten können. Auch wenn Sie Kräuter für die Naturkosmetik verwenden, macht es einen Unterschied, ob Sie einfach die Zutaten mischen und das Produkt auftragen, oder ob Sie schon bei der Zubereitung für den Zauber der Kräuter offen sind, ihn auf sich wirken lassen, den Umgang mit den Kräutern genießen und sich dann der Anwendung bewußt und mit Genuß hingeben. Natürlich verlangt letzteres viel mehr Zeit. Aber es ist Zeit, die man sich nehmen sollte. Schließlich haben sich die Kräuter auch Zeit nehmen müssen, um zu wachsen und ihre Wirkstoffe anzusammeln.

Ob Jenseitsreise des Schamanen oder Kräuterkosmetik – die Wirkung der Zauberkräuter besteht immer in der Kommunikation zwischen „äußerer" und „innerer" Natur, zwischen der Materie und ihren Eigenschaften, zwischen Stoff und Geist. Über diesen Weg wird der Wandel gelenkt, die Verwandlung bewirkt. Dabei ist es für das Wesen der Wandlung unerheblich, ob sie eine höhere Bewußtseins- und Erfahrungsebene bewirkt oder eine glattere Haut. Denn alles ist allem verbunden. Die Kräuter, die Sie auf Ihr Butterbrot streuen, bestehen aus den Atomen, die schon bei der Entstehung der Welt anwesend waren. Und die Butter enthält jene, die zuvor als Gras und Kräuter von der Kuh gefressen wurden. Essen Sie Ihr Butterbrot, und bald sind diese Atome nach einer planvollen Wandlung jene, aus denen Ihr Herz oder die Iris Ihrer Augen besteht.

Diese Vorstellung ist ebenso faszinierend wie einleuchtend. Materie und Energie können nicht verloren gehen, nur ihre Erscheinungsform wandeln. Das tun sie seit Anbeginn der Zeiten in der gesamten Natur. Wir aber sind Teil der Natur und haben Anteil an diesem Wandel. Wer dafür ein Bewußtsein entwickelt, hat das Wesen von Magie und Zauber begriffen.

Kräuter – gebündelte Kraft der Natur

Die ersten höheren Lebewesen auf der Erde waren die Pflanzen. Erst auf der von ihnen geschaffenen Grundlage konnten sich andere Lebensformen entwickeln. Nur die grünen Pflanzen können mit Hilfe des Chlorophyls – jenes Stoffes, der auch für ihre Farbe verantwortlich ist – die Sonnenenergie aufnehmen, speichern und in einem Assimilationsprozeß organische Stoffe aus der Erde ihrem Organismus einverleiben. Man muß kein Mystiker sein, um die grünen Pflanzen als die ureigenen Kinder des Kosmos zu sehen: Ihre Eltern sind Sonne und Erde; von ihnen werden die Pflanzen mit stofflicher und energetischer Nahrung versorgt. Die Substanz der Pflanze ist wiederum die Nahrung für Tier und Mensch. Nicht nur in der Form von Aufbaustoffen für den Körper – die Pflanzen liefern auch die Energie für alle inneren und äußeren Lebensvorgänge, die Vitamine für die Regulierung des Stoffwechsels, alle Heilmittel, die den kranken Organismus wieder in sein Gleichgewicht bringen, und sogar Stoffe, die auf die Psyche des Menschen einwirken.

Pflanzen, die die letztgenannte Eigenschaft besitzen, nennt man psychotrop. Sie gehören zum größten Teil zu jenen Blütenpflanzen, die wir als Kräuter bezeichnen. Ihre enge Verbundenheit mit dem menschlichen Organismus, die sich sogar auf den geistigen Wesenskern des Menschen, auf seine Wahrnehmung, seine Gefühle und sein Bewußtsein erstreckt, übte seit jeher eine Faszination auf den Menschen aus, sobald er einmal die wunderbare und oft auch unheimliche Wirkung dieser Kräuter entdeckt hatte. Sie erhielten ihren Platz im Kult und in den naturreligiösen Praktiken, hatten während der gesamten Menschheitsentwicklung eine wesentliche kulturelle Funktion und werden auch heute noch von vielen Völkern für heilig gehalten. Selbst im europäischen Brauchtum, das sich über ein Jahrtausend in einer christlichen und in den letzten 250 Jahren in einer zunehmend technisierten und naturwissenschaftlich geprägten Welt behauptete, gibt es noch eine Vielzahl naturmagischer Riten. In deren Mittelpunkt stehen bestimmte Kräuter.

Im Alpenraum ist der „Frauendreißiger" das beste Beispiel dafür. Das ist der Zeitraum vom 15. August, dem Feiertag Mariä Himmelfahrt, bis zum – früher als kirchliches Hochfest gefeierten – Tag „Mariä Namen". Auf diese 30 Tage zwischen den zwei Marienfeiertagen bezieht sich auch die Bezeichnung „Frauendreißiger".

Der 15. August als Mitte des Erntemonats war schon lange vor der Christianisierung ein besonderer Tag. Nicht nur im europäischen Raum – im antiken Ägypten galt er als Geburtstag der Isis. Diese Göttin wurde als die große Zauberin und die Mutter aller Kräuter verehrt, denn die Kräuter sind nach ägyptischen Mythen aus jenen Tränen gesprossen, die Isis um ihren Geliebten und Bruder Osiris vergoß. Selbst Theologen gestehen heute zu, daß das Bild der Isis mit dem Horus-Knaben – dem Kind von Isis und Osiris – das Urbild der christlichen Madonna darstellt. Isis als Kräuterzauberin dürfte auch das Bild der Gottesmutter Maria als Schutzherrin der Heilkräuter geprägt haben. Daß der hohe Marienfeiertag am 15. August, der im Volksmund auch heute noch „Mariä Wurzweih'" genannt wird, im Zeichen des Kräutersegens steht, fußt somit auf einer Tradition, die sich zumindest bis in das dritte vorchristliche Jahrtausend zurückverfolgen läßt.

Im Brauchtum gelten die während des „Frauendreißigers" gesammelten Kräuter als besonders heilkräftig. Und im „Frauenbuschen", dem Strauß aus bestimmten Kräutern, der am 15. August zur Weihe in die Kirche getragen wird, manifestiert sich in christlicher Prägung ein naturmagisches Ritual.

Der Frauenbuschen vereint üblicherweise sieben Kräuter. Auch wenn es hinsichtlich der Anzahl und der Zusammensetzung regionale Unterschiede gibt, fällt doch ein Umstand auf: Es sind nicht nur Heilkräuter im pharmazeutischen Sinn, sondern Kräuter, denen auch eine magische Wirkung zugeschrieben wird. Die Kräuter sollen Schutz vor Hexerei, Feuersbrunst und Hagelschlag bieten, zu einem erfüllten Sexualleben verhelfen, Menstruationsbeschwerden lindern oder die Geburt erleichtern. Manche Kräuter des Frauenbuschens vergrub man nach dem Abernten der Felder am Rand eines Ackers und beschwor auf diese Weise die Fruchtbarkeit für das kommende Jahr. Oft wurden sie auch einem Toten in den Sarg gelegt. Der Frauenbuschen im Herrgottswinkel der Stube sollte das Haus zuverlässig vor Blitzschlag schützen. In den Rauhnächten um die Wintersonnenwende kamen getrocknete Kräuter vom Frauenbuschen zur Kohle in die Räucherpfanne und vertrieben im segnenden Rauch die Unholde der Finsternis aus Haus und Stall. Und wenn eine Kuh unter Blähungen litt, half oftmals Kraut vom Frauenbuschen, das ihr – zwischen zwei Brotscheiben gelegt – gefüttert wurde.

Schafgarbe, Arnika, Eisenkraut:

Liebeskräuter und Frauenbuschen

Die *Schafgarbe* als typisches Frauenkraut hat in jedem Frauenbuschen ihren Platz. Sie ist ein wichtiges Heilkraut bei vielen Frauenleiden und auch als Wundkraut geschätzt. Der *Beifuß*, ein bitter schmeckendes Kraut von gräulich-grüner Farbe, ist nicht nur Gewürz für Lamm- und Wildbraten. Sein Absud war für die Hebammen früherer Zeit ein unverzichtbares Mittel, um eine ausbleibende Mensis anzuregen oder – in entsprechend gesteigerter Dosierung – die Geburt zu beschleunigen oder die Nachgeburt zum schnelleren Abgang zu bringen.

Arnika ist mit den sonnengelben Blüten nicht nur ein optischer Aufputz für den Frauenbuschen. Arnikasalbe oder -absud wirkt bei äußerlicher Anwendung entzündungshemmend, antiseptisch und fördert die Wundheilung. Umschläge mit Arnikaabsud bringen Schleimbeutel- und Gelenksentzündungen zum Abklingen. Als Tee wirkt Arnika bei sehr vorsichtiger Dosierung anregend für den Kreislauf und fördert die Durchblutung. Ein kräftiger Absud war als Abtreibungsmittel gebräuchlich. Arnika galt aber auch als Kraut für den Wetterzauber. Bei Gewitter wurde mit getrocknetem Arnika geräuchert, um das Unwetter zu vertreiben. „Steck Arnika an, damit sich das Wetter scheiden kann!" ist ein Spruch, den man in Oberbayern heute noch hört – auch wenn man im praktischen Bereich eher auf Blitzschutzanlage und Wildbachverbauung vertraut.

Die *Ringelblume* ist heute vor allem wegen der Ringelblumensalbe bekannt – jenem zuverlässigen Wundheilmittel, das Mensch und Tier gleichermaßen hilft und in keiner Hausapotheke fehlen sollte. Aber die Ringelblume gilt darüber hinaus als machtvolles Kraut für den Liebeszauber. Sät ein Mädchen Ringelblumen in die Fußspuren des Geliebten, so führt ihn sein Weg zu ihr, egal ob er will oder nicht. Schon im ersten gedruckten Kräuterbuch der Neuzeit, dem „New Kreutterbuch" aus dem Jahr 1539, entrüstet sich der Autor, der Straßburger Pfarrer Hieronymus Bock, über das Liebeszauberkraut Ringelblume: „Etliche Weyber treiben Superstition damit, gebrauchen das Kreutlein zu der Buhlschaft."

RINGELBLUME

Auch das *Eisenkraut* hat seinen festen Platz im Frauenbuschen. Eisenkrautsaft gilt als Kräftigungsmittel und unterstützt die Rekonvaleszenz. Seinen Namen hat es, weil es bei den Germanen dem Gott Donar geweiht war, dem mächtigen Hammerschwinger und mythischen Lehrmeister der Schmiede. Der deutsche Volkskundler Jakob Grimm fand noch Anfang des 19. Jahrhunderts bei den Schmieden einen Eisenkrautstengel im Wasserzuber neben der Esse als Tribut an die alte Schutzgottheit des eisenverarbeitenden Gewerbes. Und natürlich verwundert es nicht, daß dieses Kraut in Wein eingelegt oder abgekocht den Männern als Liebestrank kredenzt wurde, um das Glied so hart wie Eisen zu machen.

Regional unterschiedlich ist die Auswahl der weiteren Kräuter für den Frauenbuschen. Oft findet man das *Liebstöckl* – nicht nur unentbehrliches Suppengewürz, sondern auch

Mittel, um Frauen für die Liebe zu entflammen –, und den *Dill*, der mit seinem Duft die Buhlgeister vertreibt. Er dämpft das sinnliche Verlangen und war wohl auch deshalb eine unverzichtbare Pflanze in den Gewürzkräuterbeeten der Klostergärten. Senf und Dill galten im Volksglauben aus Zauberkräuter, mit deren Hilfe sich die Frau gegenüber ihrem Gatten behaupten konnte: „Ich habe Senf und Dill, und wenn ich rede, Mann, schweig still!" Den Mittelpunkt des Frauenbuschens bildet oft eine Königskerze, und häufig findet man noch Kamille, Quendel oder Labkraut in dem kunstvoll gebundenen Strauß.

Schafgarbe, Beifuß, Eisenkraut – so ein Kräuterstrauß dürfte sich kaum von jenem unterschieden, der schon im keltischen und germanischen Europa der vorchristlichen Zeit dem Sonnengott Lugh am Tag des Erntevollmondes geweiht wurde. Gegen Mitte August wird das Korn schnittreif, von seiner Fülle hängen Leben und Überleben im folgenden Jahr ab. Es ist wie die Zeit der Aussaat eine kosmisch dichte Zeit, in der sich die Götter dem Menschen nähern. Die Kraft der Sonne ist entscheidend für das Ausreifen der Ernte, die aus dem Schoß der Erdmutter gesprossen ist. In der bäuerlichen Kultur wird die Abhängigkeit von der Natur besonders nachhaltig empfunden. Im Gegensatz zum nomadischen Jäger, Sammler und Viehzüchter empfand sich der seßhaft gewordene Ackerbauer als mitschaffendes Wesen. Gemeinsam mit der Natur schuf er die Grundlage für die Ernte. Die Unwägbarkeit der natürlichen Gegebenheiten sah er als Eigenschaften personifizierter Naturkräfte.

Lugh gilt als feuriger Begleiter der milden Erdmutter. Sie ist es, deren Schoß Getreide, Früchte und all die heilkräftigen Kräuter hervorbringt. Lugh dagegen ist hitziger, er bringt mit seiner Glut alles zur Vollendung und mit seiner Klugheit zur Vollkommenheit. Glut und Klugheit, Lohe und Logos, sind deshalb die Eigenschaften des Schnitters und Vollenders, den die Kelten den „Meister aller Künste" (Lugh-Samildenach) nannten. Bei den Germanen hieß er Loki und ist noch heißblütiger, denn nach der Mythologie entfacht er den Weltenbrand. Die christlichen Missionare machten ihn dementsprechend zum Teufel – was er natürlich nicht ist. Er symbolisiert die feurig untergehende Sonne, die mit ihrem roten Flammenschein die Erde übergießt; er steht am Übergang vom hellen Sommer zum dunklen Winter.

Das Fest, das Kelten und Germanen zu Lughs – oder Lokis – Ehren zur Zeit des Augustvollmondes feierten, war seinem Bild entsprechend ein Feuerfest. Riesige Holzstöße wurden in der Vollmondnacht entzündet und brannten dann drei Tage und drei Nächte lang. Bei den Inselkelten hieß das Fest zur Segnung der Ernte „Hlaf-Mass", woraus sich im Laufe der Zeit der Name „Lammas" für das Weihefest der Hexen am 1. August bildete.

Der Zusammenhang zwischen Getreideweihe der Bauern und Kräutersegen der Naturheiler ergibt sich aus dem Umstand, daß Getreide und Kräuter aus dem Schoß derselben Erdmutter hervorgehen. So wurde wohl schon beim Feuerfest Lughs nicht nur die Getreideernte gesegnet. Man weihte auch alle Kräuter, die im Laufe des folgenden Jahres als Heil-, Gewürz- und Zauberkräuter gebraucht wurden. Wenn man die Kräuter, die noch heute im Frauenbuschen vertreten sind, betrachtet, erkennt man die Sinnhaftigkeit des Weihezeitpunktes. Alle diese Kräuter erreichen zu dieser Zeit ihren Höchstgehalt an Aroma und Wirkstoffen, sind also vollgesogen mit der Kraft des Sonnenlichts. Für das Sammeln dieser Kräuter gab es klare Richtlinien: Sie durften nur von Frauen – als Stellvertreterin der Erdmutter – gepflückt werden; die Frau mußte vor Sonnenaufgang ungesehen, schweigend und nackt – im später christlich geprägten Volksbrauch reicht auch barfuß – zu den Pflanzen gehen; und sie mußte die Kräuter mit der bloßen Hand pflücken. Keinesfalls durften Gerätschaften aus Eisen verwendet werden, denn die Berührung mit Eisen würde den Kräutern ihre Kraft nehmen.

Psychoaktive Kräuter: Zauberkräuter für die Seele

Wenn schon jene Kräuter, die auch in der Volksmedizin und als Gewürze allgemein gebraucht wurden, von einer solchen Magie umgeben waren, um wieviel mehr dann jene Gewächse, die nur die Kräuterkundigen richtig zu nutzen wußten: Jene psychoaktiven Kräuter, die im Volksglauben bis heute als „Hexenkräuter" gelten. Die achtungsvolle Scheu, oft sogar Furcht vor ihnen ist wohl in dem Wissen begründet, wie gefährlich ihre Wirkung sein kann, wenn man die Geheimnisse ihrer richtigen Anwendung nicht kennt.

Die psychoaktiven Kräuter enthalten Wirkstoffe, die auf die innere Dynamik der menschlichen Lebensvorgänge einwirken, also auf Gefühle, Bewußtsein und Vorstellungswelt. Es sind nicht nur die halluzinogenen Pflanzen der Schamanen oder die Kräuter, welche die Hexen in ihre Flugsalben rührten. Zu den psychoaktiven Kräutern gehören auch die Aphrodisiaka, die besonders den sexuellen Bereich der Psyche beeinflussen, und mild wirkende Stimmungsaufheller wie etwa das Johanniskraut, das als Tee gegen Depressionen hilft.

Den psychoaktiven Kräutern haftete bis in die jüngere Vergangenheit wegen ihrer halluzinogenen und aphrodisierenden Wirkung ein Ruf der Verderbnis an. Für die christlichen Missionare waren sie Teufelsboten in zweierlei Hinsicht: Wer Erkenntis und höheres Bewußtsein in einem ekstatischen Ritual mittels Zauberkräuter erfuhr, war zweifelsfrei dem Antichrist verfallen. Und wer pflanzliche Mittel nutzte, um seine sexuelle Lust zu steigern, trieb Unzucht. Denn die Sexualität hatte nach christlicher Lehre ausschließlich der Fortpflanzung zu dienen, und das möglichst mit einem Minimum an Lustgefühlen. Jedenfalls führten beide Arten des Gebrauchs von Kräutern geradewegs in das Höllenfeuer. Daß Kräuter über Jahrtausende hinweg in die kulturelle Entwicklung des Menschen integriert waren und in manchen Bereichen sogar als Träger der Kultur zu sehen sind, spielte dabei keine Rolle.

Halluzinogene sind die Kräuter der Schamanen. Ihre Wirkung ist Teil des menschlichen Erfahrungsschatzes seit der Mensch begann, seine pflanzliche Umwelt zu erforschen. Die

Einflüsse dieser Kräuter auf das menschliche Bewußtsein sind oft nicht oder nur ansatzweise erklärbar und in diesem Sinn geheimnisvoll, ja unheimlich. Kein Wunder, daß sie ihren Platz im kultischen Bereich erhielten und ihr Gebrauch auch schon innerhalb niedriger Kulturstufen an bestimmte Rituale gebunden war. Sie galten als Kräuter der Götter, und nur den Auserwählten unter den Menschen stand nach einem oft langwierigen Initiationsprozeß deren Gebrauch zu. Immerhin boten sie die Möglichkeit, mit der Welt der Geister und der Götter in Verbindung zu treten, sich von der beengenden real-irdischen Existenz zu lösen und ein berauschendes Universum voller Wunder zu betreten. Die schamanische Reise in diese Welt der Ekstase war – und ist – jedoch niemals eine Vergnügungstour, die der einzelne einfach so zum Spaß unternimmt. Die Götter verstehen nämlich keinen Spaß, und die Kunst des Schamanen ist es nicht, ein Ziel im übermateriellen Universum zu erreichen. Die Kunst besteht darin, aus diesem Universum wieder in den irdischen Körper zurückzukehren!

Insgesamt dürfte es nach dem derzeitigen Forschungsstand der Pharmazie, der Botanik und der Ethnobotanik – letztere befaßt sich mit der Beziehung zwischen Volksbrauch und Pflanzenwelt – weltweit etwa 2000 Arten von Pflanzen geben, die im kultischen Bereich als Zauberpflanzen genutzt werden.

Als Pflanzen bezeichnet man nicht nur die bedecktsamigen Blütenpflanzen, zu deren Gattung wir unsere Kräuter zählen. Auch Algen, Flechten, Moose und Pilze sind Pflanzen. Während es bisher keine Erkenntnisse über psychoaktive Wirkstoffe in Algen und Flechten gibt, sind die Pilze für den kultischen Bereich von hoher Bedeutung. Ähnlich wie die Zauberkräuter liefern sie den Schamanen Räucherstoffe oder Tränke für die Jenseitsreise. Der im europäischen Bereich berühmteste dieser Pilze ist der Fliegenpilz. Sein roter Hut mit den weißen Punkten ist jedem Kind vertraut, genauso wie die Warnung vor seiner Giftigkeit.

Die Gruppe der Blütenpflanzen ist bei weitem die größte Pflanzengruppe der Erde. Die Nacktsamer, an den Samenzapfen erkennbar, umfassen etwa 700 Arten. Unter diesen gibt es zwar welche, die in der Heilkunde Verwendung finden, aber nach dem derzeitigen Wissensstand keine Pflanzen, die wir als Zauberkräuter ansehen könnten. Die bedecktsamigen Blütenpflanzen – es dürfte an die 400.000 Arten geben! – dagegen bestehen aus jenen Gattungen, die den Großteil der Heil- und Rauschmittel liefern.

Bei der Betrachtung einer Pflanze kommt es immer auf den Blickwinkel des Betrachters an: Der Ethnologe sieht sie anders als der Botaniker, der Kulturhistoriker anders als der Chemiker und wieder anders als der Religionswissenschaftler. Ein möglichst vollständiges Bild ergibt sich nur dann, wenn die verschiedenen Fachrichtungen ihre Erkenntnisse zusammenfügen. So ist zwar für die Anwendung einer pflanzlichen Substanz die überlieferte Erfahrung von wesentlicher Bedeutung, dem Verständnis der Wirkung dient aber nicht die Erfahrung, sondern die wissenschaftliche Analyse. Heute wissen wir beispielsweise, daß die Molekularstruktur der psychoaktiv wirksamen Substanzen häufig jenen Stoffen entspricht, die der menschliche Körper in bestimmten Situationen auch selbst produziert. So gleicht die chemische Struktur des Wirkstoffes Meskalin aus der mittelamerikanischen Schamanenpflanze Peyotl bis auf einen minimalen Unterschied in der räumlichen Anordnung genau dem des körpereigenen Gehirnhormons Noradrenalin. Die in aphrodisierenden Pflanzen wirksamen Substanzen entsprechen entweder den menschlichen Sexualhormonen oder bewirken eine erhöhte körpereigene Produktion dieser Botenstoffe. Und die antidepressive Wirkung des Johanniskrauttees liegt in dessen Beeinflussung der Melatonin-Produktion durch den Pflanzenwirkstoff Hypericin begründet. Das Hormon Melatonin wird von der Zirbeldrüse gebildet und beeinflußt den Wach-Schlaf-Rhythmus. Gelangt Melatonin in die Blutbahn, fühlt man sich angenehm ruhig, entspannt und zufrieden.

Das Erbe der Hekate

Isis

Sobald der Mensch seßhaft geworden war und seine Äcker das zum Überleben notwendige Getreide lieferten, begann er, sich auch mit dem planmäßigen Anbau von Kräutern, Sträuchern und Obstbäumen zu befassen. Er holte diese Pflanzen aus der Wildnis und bemühte sich, sie in seinem überschaubaren Raum, den er der Natur abgetrotzt hatte, heimisch zu machen. Viele Pflanzen wurden auf diese Weise domestiziert, traten aus dem Natur- in den Kulturraum über. Es entstand der Garten – jenes Gefilde aus geordnetem Miteinander, das für den Menschen seit Urzeiten der Inbegriff des Paradieses ist. Natürlich blieben viele Kräuter jenseits der Hecke in der Natur, wohl auch aus Achtung ihrer naturgegebenen Lebensbedingungen. Machtvolle Zauberkräuter im Garten zu kultivieren hätte man als Verniedlichung empfunden. Ihr Geheimnis mußte in der Wildnis begründet bleiben, und wer es nutzen wollte, durfte die Konfrontation mit der Wildnis nicht scheuen.

Wie die Anfänge des Ackerbaues, vielleicht sogar in noch stärkerem Maß, kann man den Garten als weibliche Errungenschaft ansehen. Die Frau steht der archaischen Muttergöttin näher als der Mann, sie teilt mit ihr das Geheimnis des Lebens. Die frühen Ackerbaukulturen waren matriachalische Gesellschaften. Die Mythen sind voll von entsprechenden Hinweisen. Auch die Bibel macht in dieser Hinsicht keine Ausnahme. Im Paradies, das zweifelsfrei als umfriedeter Garten erscheint, wächst der Baum der Erkenntnis. Eva, die erste Frau, weiß die Frucht dieser Pflanze zu nutzen. Es ist die Frau, die den Mann an der Frucht der Erkenntnis teilhaben läßt. Sie ist die erste Eingeweihte, im direkten Sinn die erste Schamanin, und die Trägerin des Mysteriums. Durch die Annahme der erkenntnisschaffenden Frucht wird Adam in die Mysterien der Großen Göttin eingeweiht, er wird zum ersten Mysten und erhält als solcher Anteil am weiblichen Teil der Schöpfung.

Die jüdische und in der Folge die christliche und islamische Auslegung der Paradieserzählung ist naturgemäß eine andere. Allerdings: Bevor sich jemand über die sogenannten heidnischen Mythen mokiert, sollte man einen objektiven Blick auf die Basis der heutigen Weltreligionen werfen. Gläubige Christen, Buddhisten und Moslems hören es natürlich nicht gerne, aber die Basis ihrer Religionen stellen ebenfalls Mythen dar. Die Religionswissenschaften bezeichnen diese Mythen des Anfangs, der Religionsgründung, als „illud tempus“: In „jener Zeit“ begann ein Auserwählter, die gute Nachricht von der Offenbarung zu verbreiten. Die Umstände dieser Offenbarungen sind durchwegs schleierhaft, aber gerade auf diese Offenbarungen begründen die heutigen Weltreligionen ihren Anspruch, jeweils im alleinigen Besitz der Wahrheit zu sein.

Als eigentlichen Gründer des Christentums kann man Paulus ansehen. Seine Begegnung mit Jesus auf dem Weg nach Damaskus ist nichts anderes als eine individuelle mystische Erfahrung. Sie unterscheidet sich in keiner Weise von den mystischen Erfahrungen der Schamanen, und sie kann als individuelle Erfahrung nicht zur Kollektiverfahrung des Christentums verallgemeinert werden. Ähnliches gilt für Mohammed und für Buddha. Ihre Visionen sind objektiv betrachtet subjektive mystische Erfahrungen. Weder Jesus noch Buddha noch Mohammed haben selbst schriftliche Zeugnisse hinterlassen, die Glaubensschriften wurden erst von ihren Anhängern verfaßt. Damit soll gesagt werden: Ohne die Kraft des Glaubens als subjektiv-persönliche Erfahrung ist das „illud tempus“ der Offenbarungsreligionen vom gleichen faktischen Wert wie die Mysterien der ägyptischen und griechischen Religionen, wie die keltischen Mythen oder die Bilder der Schamanen von der Jenseitswelt. Dennoch hatten die christlichen Kirchenväter, angefangen bei Augustinus, keine Bedenken, sich über die „heidnische“ Mythologie lustig zu machen, sie als verrückte Geschichten hinzustellen oder als Versuch des Teufels, die Menschheit zu verwirren und vom rechten Weg abzubringen. Daß es noch im letzten Jahrhundert katholische Afrika-Missionare gab, die überzeugt waren, die „Wilden“ mittels Christentum von ihrer ständigen Dämonenangst befreit zu haben, sie von einem kuriosen Geisterglauben zur einzig wahren Heilslehre bekehrt zu haben, zeugt einerseits von völligem Unverständnis einer anderen Kultur und andrerseits von einer den Offenbarungsreligionen eigenen Arroganz.

Der Großen Göttin der frühen mediterranen, kleinasiatischen und europäischen Kulturen mußte das Christentum allerdings weitgehende Zugeständnisse machen. Die Bindung des Menschen an die Urmutter war so unerschütterlich, daß die Kirche ihre Eigenschaften auf die Madonna, die Gottesmutter, projizieren mußte. Sie gilt sogar als „zweite Eva“, die den „Sündenfall“ der ersten bereinigt – und damit sind wir wieder bei der Eva des Paradieses.

Der Mythos vom Baum der Erkenntnis ist keine biblische Exklusivität. Man kann ihn als einen der Urmythen der Menschheit sehen. Er tritt in vielen Kulturen in Erscheinung. Sein Bild ist der jeweiligen Kultur angepaßt, seine Eigenschaften aber sind universell. Im Garten der germanischen Freya trägt der Baum der Erkenntnis goldene Äpfel; im Garten der hellenischen Hekate hängt von seinen Ästen das Goldene Vlies.

Der Baum der Erkenntnis ist das Urprinzip der Verbindung zwischen den verschiedenen Ebenen des Universums. Er ist die erste und höchste aller Zauberpflanzen, dem Menschen von den Göttern in den Garten gepflanzt. Sein richtiger Gebrauch macht den Menschen zu einem selbstbewußten und intelligenten Wesen, fähig zur Kommunikation mit den höheren Sphären und eingeweiht in die Geheimnisse von Leben und Tod. Er stellt die Einladung der Natur an den Menschen, sich zu emanzipieren, dar. Wer vom Baum der Erkenntnis nascht, erfährt die Vorstellung des kosmischen Paradieses und die der sich selbst offenbarenden Großen Göttin. Von den Schamanen und den alten Mystikern wurde der Baum der Erkenntnis noch als ursprüngliche „Medizin" verstanden, bevor er von den Offenbarungsreligionen dämonisiert wurde.

Die Große Göttin kann man als Archetypus der höheren Macht ansehen. Je nach Epoche und Kultur hat sie verschiedene Namen, auch verschiedene Gestalt, aber immer die gleichen Eigenschaften. In den Eleusischen Mysterien der Antike erscheint sie als Demeter, im Dionysos-Kult als Hekate, und diese Zaubergöttin wird schon von den Schriftstellern der Antike mit der ägyptischen Isis gleichgesetzt. Diese aber findet im Zuge der Romanisierung Europas ihre Ebenbilder in der germanischen Freya und in der dreigestaltigen keltischen Muttergöttin, und so ist es kein Wunder, daß beispielsweise in der Steiermark im ersten nachchristlichen Jahrhundert am Frauenberg bei Leibnitz ein Isis-Tempel errichtet wurde.

Ein wertvolles spätantikes Dokument über Zauberriten und Mythen bescherte uns der römische Dichter Apuleius in der Form seines berühmten Schelmenromans „Metamorphosen oder Der goldene Esel". Der profunde Kenner der Zauberkräuter und der Mysterienkulte, der in den Jahren 156 bis 161 n. Chr. selbst wegen verbotener Zauberei in Rom vor Gericht stand, wählte für die Mitteilung seines Wissens diese unverfängliche und zudem oft humorvolle Form. Lucius, der Held des Romans, wird in einen Esel verwandelt und schildert aus der Eselsperspektive die Höhen und Tiefen des Erdendaseins, die Ansichten, Hoffnungen und den Glauben der Menschen. Am Ende – im übertragenden Sinn könnte man sagen: am Ziel der Initiationsreise – offenbart sich die Große Göttin selbst und weiht den Mysten in ihr Geheimnis ein: „Ich, Allmutter Natur, Beherrscherin der Elemente, erstgeborenes Kind der Zeit, Höchste der Gottheiten, Königin der Geister, Erste der Himmlischen; ich, die ich in mir allein die Gestalt aller Götter und Göttinnen vereine, mit einem Wink über das Gewölbe des Himmels, die heilsamen Lüfte des Meeres und der Unterwelt vielbeklagtes Schweigen gebiete; die alleinige Gottheit, welche unter so mancherlei Gestalt, so verschiedenen Bräuchen und vielerlei Namen der ganze Erdkreis verehrt: mich nennen die Erstgeborenen aller Menschen, die Phrygier, pessinuntische Göttermutter; ich heiße den Athenern, den Einwohnern Attikas, kekropische Minerva, den eiländischen Kypriern paphische Venus, den pfeilführenden Kretern dictynnische Diana, den dreizüngigen Siziliern stygische Proserpina, den Eleusiniern Altgöttin Ceres. Andere nennen mich Juno, andere Bellona, andere Hekate, Ramnusia andere. Sie aber, welche die aufgehende Sonne mit ihren ersten Strahlen beleuchtet, die Äthiopier beider Länder, und die Besitzer der ältesten Weisheit, die Ägypter, mit den angemessensten eigensten Gebräuchen mich verehrend, geben meinen wahren Namen mir: Königin Isis."

Klarer, exakter und poetischer als Apuleius kann man das Wesen der Großen Göttin wohl kaum beschreiben, obwohl er sich natürlich bei der Aufzählung auf die ihm bekannten Gestalten und Namen beschränken mußte. Von Noreia, der Muttergöttin der keltischen Noriker, von den verschiedenen Gestalten der Erdmutter bei slawischen und germanischen Völkern wußte er nichts. Was er wohl gewußt haben dürfte, aber verschwieg, waren die Rezepte für die Zaubertränke, die in seiner Erzählung eine Rolle spielen. Man kann annehmen, daß sie mit jenen Kräutern in einem Zusammenhang stehen, die der jeweiligen Gestalt der Göttin zugeordnet wurden. So gelten Alraune und Myrte als Pflanzen der Aphrodite/Venus; Wermut und Thymian sind der Artemis/Diana zugeeignet, die Tollkirsche sowie ein nicht identifizierbares Gewächs namens „Bellonaria" der Bellona; Eisenhut, Mandragora und Bilsenkraut sind die Kräuter der Hekate, während Lilie und Granatapfel der Hera/Juno zugeordnet sind.

Die ursprünglich ägyptische Göttin Isis war die Zaubermächtige, die höchste Schamanin, die erste der Magier. Entgegen mancher Vorstellungen war der altägyptische Isiskult kein bloßer Mysterienkult, sondern vor allem auch ein mystischer Heilkult. Er war auf dem Wissen um das Wesen der Wandlung begründet und konzentrierte sich um Isis als Mutter und Beherrscherin aller Heil- und Giftpflanzen. Isis erscheint auch in den Mythen als echte Schamanin. Dieser Status wird vor allem durch die Beziehung Isis – Osiris belegt. Nachdem eifersüchtige Geister Osiris, den Zwillingsbruder der Isis, getötet, zerstückelt und die Stükke über die Welt verstreut hatten, suchte Isis alle Teile, fügte sie zusammen und erweckte ihn wieder zum Leben. Einzig den Penis des Osiris fand Isis nicht; sie ersetzte ihn durch ein Glied aus Gold. Dieses Bild der Wiedererweckung entspricht der Initiation des Schamanen. Osiris ist daher der von der höchsten Zauberin initiierte Schamane. Aus seiner Vereinigung mit Isis entsprang der Knabe Horus, die Personifizierung des alles sehenden visionären Auges.

Isis selbst war ebenso wie ihr Zwillingsbruder Osiris ursprünglich Mensch. Ihre Initiation, ihre Einweihung in das innerste Geheimnis des Seins und des Wandels, erfolgte jedoch durch die Kräuter selbst. Die Kräuter waren es, die Isis zur höchsten Zauberin machten, sie quasi in den Status der Göttin erhoben.

Eines der wichtigsten Kräuter der Isis ist die Verbena. Der deutsche Name *Eisenkraut* wird noch in den ersten gedruckten Kräuterbüchern des 16. und 17. Jahrhunderts als „Isen-Kraut" geschrieben. Die Verbena war also auch den neuzeitlichen Pharmazeuten zweifelsfrei als Kraut der Isis bekannt.

Die deutsche Bezeichnung Eisenkraut wird ethymologisch sowohl vom Eisen wie auch von Isis abgeleitet. Im Niederländischen heißt die Verbena jedenfalls „Iser cruit", in England und Schottland nennt man sie „Iunos tears", also „Tränen der Juno". Schon die antiken römischen Autoren kennen ihre Kräfte und vielfältigen Anwendungsmöglichkeiten. So schreibt Plinius der Ältere in seiner „Historia naturalis", daß die Verbena jede Giftwirkung vertreibe: „Die Magier benützen sie; im Getränk verabreicht, hebt sie alle schlechten Medizinen auf und führt sie durch den Verdauungstrakt ab."

Wie Plinius berichtet, sei unter den Römern keine Pflanze so geschätzt und geehrt gewesen wie die Verbena, und die Priester verwendeten sie für ihre Reinigungszeremonien: „Mit ihr werden die Altäre des Jupiter gefegt." Die Wurzel der Verbena, in Wein zerstossen, war das Heilmittel bei Schlangenbiß. Bei Geschwüren und offenen Wunden wurden die Blätter aufgelegt, Mund- und Rachenfäule heilte man mit einem Gurgelmittel, das aus der in Wein gekochten ganzen Pflanze gewonnen wurde.

Die Verbena wurde in der griechisch-römischen Antike auch mit jenen Göttinnen assoziiert, die nach Apuleius mit Isis identisch waren. Die Tusker an den kleinasiatischen Küsten nannten sie beispielsweise „Demetria", weil sie der Fruchtbarkeitsgöttin Demeter zugeordnet wurde. Plinius, dem man wirklich keinerlei Neigung zu Magie und Kräuterzauber attestieren kann – er machte sich höchstens darüber lustig –, beschrieb im Zusammenhang mit der Verbena sogar deren Gebrauch durch die keltischen Druiden: „Sie benutzen sie zum Wahrsagen und Prophezeien. Sie muß beim Aufgang des Sirius gesammelt werden, wenn weder Mond noch Sonne scheinen; zuvor muß die Erde mit Wachs- und Honigopfern günstig gestimmt werden. Mit Eisen zieht man einen Kreis um die Pflanze und muß sie sodann mit der linken Hand ausgraben und emporheben."

Die Eisenkrautsalbe, laut Plinius eine Art Auszug in zerlassenem Ziegenfett, galt sowohl bei den Römern als auch bei den Kelten als regelrechtes Allheilmittel: „Sie stiftet Freundschaft, vertreibt das Fieber und heilt alle Krankheiten, indem sie die schlechten Säfte aus dem Körper treibt."

EISENKRAUT

DER BLAUE EISENHUT:

DREI KÖPFE UND EIN HEXENGARTEN

Im antiken Griechenland nannte man die Höchste der Zauberinnen Hekate. Sie ist nach der Aufzählung des Apuleius mit Isis identisch, zeigt aber in Bezug auf ihre Zauberkräuter einen bemerkenswerten Zug: Die Kräuter werden ihr nicht einfach zugeordnet – der Mythos erzählt detailliert davon, daß Hekate ihre Kräuter selbst im Garten pflanzt! Die Eigenschaften der antiken Götter kann man durchwegs als überhöhte Abbildung menschlicher Eigenheiten auffassen. So liegt der Schluß nahe, daß im antiken Griechenland die Heil-

und Zauberkräuter nicht nur gesammelt, sondern zum Teil bereits planvoll im Garten gezogen wurden. Hekate erscheint vor diesem Hintergrund als erste Kräuterhexe der europäischen Geschichte, die ihre Kräuter im Hexengarten zieht.

Hesiod, der griechische Dichter des sechsten vorchristlichen Jahrhunderts, liefert uns ein klares, wenn auch nicht sehr anheimelndes Bild der Hekate. Sie war eine Tochter der Titanin Asteria und wurde vom Göttervater Zeus so hoch geschätzt, daß er ihr Anteil an allen drei Ebenen des Universums gab: am Himmel, an der Erde und an der Unterwelt. Sie erscheint als dreigestaltige Göttin und wird als dreiköpfige Frauengestalt dargestellt – mit je einem Kopf von Hund, Stute und Stier. Die göttliche Dreifaltigkeit ist, wie man sieht, keine Exklusivität der christlichen Trinität von Vater, Sohn und Heiligem Geist. Viele antike Göttinnen und Götter, vor allem jene mit einem Bezug zu Natur und Jahreszeiten oder zu Wandel und zyklischer Veränderung im Sinne von Werden und Vergehen, zeigen die Dreigestalt. Und nicht nur in der klassischen Antike – auch die keltische Erdmutter tritt als dreigestaltige Göttin auf: Göttliche Jungfrau, gebende und nährende Muttergöttin, nehmende und bergende Totengöttin. Die Kelten sahen sie entsprechend als Weiße Frau der Blüte, als Rote Frau der Reife und als Schwarze Frau des Todes.

Die hellenische Hekate ist nicht nur dreifaltig, sondern manifestiert sich auch in drei Göttinnengestalten: als Hekate, als Artemis und als Selene. Als Göttin mit den drei Köpfen steht sie in enger Verbindung mit einem anderen dreiköpfigen Wesen der griechischen Mythologie, dem Höllenhund Zerberus. Ihm verdankt Hekate zwei ihrer wichtigsten Zauberkräuter: *Bilsenkraut* und *Eisenhut.*

Als der griechische Sagenheld Herakles im Rahmen seiner zwölf Aufträge in die Unterwelt hinabsteigen mußte und den Höllenhund Zerberus, der den Zugang bewachte, an die Erdoberfläche brachte, verspritzte der wütende Hund seinen Geifer über die Erde. Daraus wuchsen sogleich Bilsenkraut und Eisenhut. Übrigens – die zwölf Arbeiten des Herakles kann man durchaus als schamanische Initiation auffassen. Denn nach Erfüllung der letzten Aufgabe wurde Herakles vom Hohenpriester Eumolpos rituell gereinigt und anschließend in die eleusinischen Mysterien eingeweiht.

Der römische Dichter Ovid erwähnt in seinen „Metamorphosen“ das „Kraut der Hekate“ und beschreibt mit ihm den äußerst giftigen Eisenhut: „Pallas Athene besprengte Arachne mit den Säften aus Hekates Kraut. Kaum hatte das unheilvolle Zaubermittel ihr Haar berührt, schwand es dahin und mit ihm Nase und Ohren. Winzig wurde der Kopf und auch der Körper; an ihren Seiten hingen dürre Beine, alles beherrschte der Bauch: Aus ihm entließ sie einen Faden und übte die Webkunst als Spinne aus ...“

Natürlich wird der Preßsaft des Eisenhutes allein keine Wirkung in der beschriebenen Art hervorrufen. Aber der Eisenhut – Aconitum napellus ist der botanische Name des Blauen Eisenhutes – ist die giftigste Pflanze Europas. Der Blaue Eisenhut ist eine Alpenpflanze, im Mittelmeerraum gedeiht vorwiegend der Gelbe Eisenhut, auch Wolfseisenhut – Aconitum vulparia – genannt, der aber genauso giftig ist. Nach Plinius habe die Pflanze, die man

„Geifer des Zerberus" nenne, nur den einen Zweck, die Menschheit zu bestrafen. Tatsächlich haben die verschiedenen Aconit-Arten zwar seit der Antike den Ruf gefürchteter Gifte und Hexenkräuter, Heilanwendungen sind aus dieser Zeit aber kaum überliefert. Es gibt Hinweise darauf, daß im Rahmen des Hekate-Kultes die getrockneten Blätter für Räucherungen verwendet wurden. Eine ähnliche Anwendung ist aus Indien bekannt. Die Aghoris, das sind Yogis, die im Dienste der dunklen Göttin Kali stehen, rauchen die getrockneten Eisenhutblätter als tantrisches Rauschmittel. Auch hier ist die enge Verbindung zwischen Eisenhut und Hexengöttin offensichtlich. Denn die indische Kali ist wie die hellenische Hekate die Große Zauberin.

Eisenhut

sehr giftig

Der erste (politische) Giftmord, von dem wir Kunde haben, soll im Jahr 246 v. Chr. mit Hilfe des Eisenhutes am syrischen König Antiochus II. verübt worden sein. Ein genaues Rezept ist nicht überliefert, aber beim Eisenhut sind alle Pflanzenteile derart giftig, daß die Anwendung keine besondere Raffinesse voraussetzt. In der höchsten Konzentration ist das Nervengift Aconit in der Wurzel und in den Samenkörnern vorhanden. Nach gängiger Ansicht wirken bereits drei Gramm getrocknete, pulverisierte Eisenhutwurzel tödlich. Der Preßsaft der Wurzel wurde von den Kretern der Antike bis zu den Mauren in Spanien als Pfeilgift verwendet. Gelangt Aconit in entsprechender Menge über Magen und Darm oder eine offene Wunde in den Blutkreislauf, erleidet der Betroffene einen äußerst qualvollen Tod. Nach Frösteln und Schweißausbrüchen breiten sich Lähmungen über den ganzen Körper aus. Es folgen schweres Erbrechen und kolikartige Durchfälle, begleitet von Krämpfen mit heftigsten Schmerzen, bis schließlich der Tod durch Atemlähmung oder Herzversagen eintritt. Caesar kannte diese Wirkung und er nutzte sie auch. Während des römischen Bürgerkrieges zwang er den Legaten Africanus, einen Verbündeten seines Gegners Pompeius, zur Kapitulation, indem er dessen letzte Wasserstellen mit Eisenhut vergiftete. In Mitteleuropa galt die pulverisierte Eisenhutwurzel bis in die Zeit vor dem Ersten Weltkrieg als „Witwenstaub". Damen, die es nicht erwarten konnten, auf natürliche Weise Witwe zu werden, halfen der Natur nach, indem sie ihren Gatten fein pulverisierte Eisenhutwurzel auf die Bettlaken streuten. Aconit wird auch über die Haut aufgenommen, und im Laufe der Zeit wurden die Gatten immer siecher und verstarben schließlich. Die sich über viele Wochen ziehende langsame Vergiftung wurde oft nicht als Giftmord erkannt, und die Witwen kamen häufig ungeschoren davon.

Bilsenkraut:
Das Kraut Apollons

Das *Bilsenkraut*, die zweite Pflanze aus dem Geifer des Höllenhundes Zerberus, gilt als das klassische europäische Hexenkraut schlechthin. Bemerkenswert ist jedoch, daß es dem antiken Sonnengott Apollon zugeordnet wird und in der antiken römischen Literatur dementsprechend unter dem Namen „Apollinaris“ vertreten ist. Bemerkenswert, aber nicht verwunderlich – denn Apollon war ursprünglich alles andere als ein lichtumfluteter Sonnengott. Genauso wie die zaubermächtige Hekate paßt er nicht in den klassischen griechischen Götterhimmel. Wie Hekate übernahmen ihn die Hellenen von den vor ihnen im ägäischen Raum dominierenden Hyperboreern. Apollon war ursprünglich ein ekstatischer Gott, dessen Bild durch die Hellenisierung völlig verzerrt wurde. Anrufungsformeln im Zusammenhang mit den eleusinischen Mysterien lassen darauf schließen, daß Hekate und Apollon als Zwillingsgeschwister gesehen wurden, ähnlich wie Isis und Orisis, denn Apollon wird als Hekatos angerufen.

Seit der Antike ist das Bilsenkraut als Heilmittel wie als schamanisches „Reisekraut“ gebräuchlich. Von der Bilsenkrautsalbe weiß Plinius der Ältere zu berichten: „Bei unheilbaren Wunden und Spinnenbiß zerreibt man die Pflanze Apollinaris mit altem Fett und einem Becher rauchlosem Wein und macht eine Salbe daraus. Staunenswert schnell wird der Kranke geheilt.“ Ähnlich verwendete man die Salbe bei Geschwulsten und Geschwüren, bei Leberschmerzen und Lungenleiden. Die in Wein gekochte Bilsenkrautwurzel beseitigte, wenn man sie kaute, den Zahnschmerz.

Die psychoaktive Wirkung des Bilsenkrauts begründete dessen Ruf als wirksames Aphrodisiakum. Es war unverzichtbarer Bestandteil der Liebestränke der thessalischen Hexen, und selbst dem Göttervater Zeus soll das Bilsenkraut heilig gewesen sein. Plinius berichtet davon, daß auch die Germanen und die Kelten das Bilsenkraut zu nutzen wußten – sowohl magisch als auch medizinisch. Bei den Kelten hieß es „Bellinotem“ und war dem Orakelgott Belenos geweiht. Die Druiden befanden sich in guter Gesellschaft, wenn sie den Bilsenkrautsamen auf die Räucherpfanne streuten und den Rauch inhalierten. Genau das gleiche taten nämlich auch die Pythias und Sybillen der Griechen, wenn sie sich zur Wahrsagerei in Trance versetzten, und die Alrunas der Germanen, wenn sie die Runenstäbe warfen, um den Willen der Götter zu erkunden.

Bei den germanischen Stämmen galt vor allem das Schwarze Bilsenkraut als heilig. Es wurde von den Priesterinnen in besonderen Bilsengärten, den heiligen Äckern, angebaut. Außer für Heilanwendungen, etwa bei Gicht oder Zahnschmerzen, war es auch für den Wetterzauber, für die rituelle Trance und als Metgewürz unentbehrlich. Das Bilsenkraut durfte nur von einer nackten Jungfrau vor Sonnenuntergang mit bloßen Händen ausgegraben werden. Jede Verletzung dieses Reinheitsgebotes hätte seine Kraft gemindert.

Der spätantike Arzt Alexander von Tralles zeichnete etwa um 570 n. Chr. eine Beschwörungsformel auf, die den Zeitpunkt für die Ernte des Bilsenkrautes sogar nach dem Mondkalender präzisiert. Demnach müsse der Mond im Zeichen der Fische oder des Wassermanns stehen, und man dürfe nur mit zwei Fingern der linken Hand – dem Daumen und dem „Arztfinger", also dem Ringfinger – graben. Alexander von Tralles schlägt dem Bilsenkraut und seiner Verwendung die Brücke in das Mittelalter und die Neuzeit. Denn auch für die mittelalterlichen Hexen war das Bilsenkraut eine der wichtigsten psychoaktiven Pflanzen – als wesentlicher Bestandteil der legendären „Flugsalben". Mit deren Hilfe sollen die Hexen ihre Astralreisen zum Heiligen Berg und zum Hexensabbat unternommen haben. Auch das Rauchen von Bilsenkraut hat in Europa eine lange Tradition, als deren letzte Träger die neuzeitlichen Hexen aufscheinen. Aber damit befassen wir uns später noch ausführlicher.

BILSENKRAUT

Außer Eisenhut und Bilsenkraut wird dem mythischen Garten der Hekate noch ein weiteres Kraut zugeschrieben, das wir näher betrachten wollen: die *Einbeere*. Sie ist zwar ebenfalls eine Giftpflanze, und entgegen einer weitverbreiteten Meinung sind nicht nur die charakteristischen blauschwarzen Beeren, sondern alle Teile der Pflanze giftig. In der Antike wurde ihre giftige Wirkung stark überschätzt. Eine Schädigung der Nieren und des Zentralnervensystems tritt erst nach dem Verzehr einer größeren Anzahl von Beeren ein. Vielmehr ist die Einbeere eine psychoaktive Pflanze, deren ritueller Gebrauch großteils in Vergessenheit geraten ist. Jedenfalls dürfte sie als Aphrodisiakum gebraucht worden sein. In Schottland und Wales heißt sie heute noch „Herbe True-love", also „Kraut der wahren Liebe".

Bedeutsam wurde die Einbeere als Mittel der Hexenmedizin während der Pestepidemien. Nach der Signaturlehre, wonach Gleiches durch Gleiches zu vertreiben sei, galten die schwarzen Beeren als Mittel gegen die schwarzen Beulen, das äußere Zeichen des Pestbefalls. Im Volksmund heißt die Einbeere heute noch „Pestbeerl" oder „Schwarzblatternkraut".

Bis in jüngste Vergangenheit galt die Einbeere in der Volksmedizin als wirkungsvolles Heilmittel gegen die Gicht. Daß Volksmedizin als populäre Hexenmedizin gesehen werden kann, läßt sich durch ein im Böhmerwald übliches Sammelritual für die Einbeere belegen. Der Volkskundler und Ethnobotaniker Heinrich Marzell beschreibt es in seinem Buch „Pflan-

Einbeere

zenwelt in Volksbrauch und Volksglauben": Die Einbeeren für die Gichtsalbe mußten beim Schein des Vollmondes gesammelt werden. Vor dem Pflücken mußte man die Heilkraft der Pflanze mit einem Segen beschwören: „Einbeere, wer hat dich gepflanzt? Die Große Frau mit ihren fünf Fingern, sie hat dich hierher gebracht. Gib durch all ihre Macht und Kraft, daß ich werde gesund."

Diese Formel ist eine – noch um 1920 gebräuchliche – Anrufung der Großen Muttergöttin, und sie zeigt das Grundprinzip der Hexenmedizin: Göttliche Einstrahlung, Charakter und stoffliche Substanz der Pflanze bilden die drei Pole, zwischen denen sich die Heilkraft entfaltet.

Orpheus und ein Garten in Kolchis

Der Garten der Hekate, der Mutter aller Zauberinnen und Kräuterhexen, lag den antiken Mythen nach in Kolchis neben der Königsburg des Aetes. Wie es dort ausgesehen hat, davon berichtet der Sänger und Schamane Orpheus in seinem Argonauten-Gesang. Orpheus erzählt in der Ich-Form, obwohl er mit Sicherheit nicht als Autor der uns überlieferten Fassung in Frage kommt. Sie entstand wahrscheinlich erst im vierten nachchristlichen Jahrhundert und orientierte sich an einem klassischen Epos, etwa ein halbes Jahrtausend älter, das Apollonios von Rhodos zugeschrieben wird. Jedenfalls wissen wir dank Orpheus und der Argonauten, welche Kräuter Hekate in ihrem Garten pflanzte: Eisenhut, Bilsenkraut und Einbeere hatten wir schon. Dazu noch Sesam für die Liebestränke, Kamille gegen Wunden und Entzündungen, Lorbeer und Wacholder als Duftstoff für den heiligen Rauch (und wahrscheinlich als konzetrierten Absud für Abtreibungen), den Schlafmohn (vor allem als Schmerzmittel), Pfingstrose gegen Gicht und Hämorrhoiden, Safrankrokus und die

Alraune als stärkstes Aphrodisiakum, Tollkirsche, Schwarzer Nachtschatten und Hornmohn für Zaubertränke, den äthiopischen Pfeffer als Gegengift zum Schierling, sowie Lavendel, Kreuzdorn, Minze, Alpenveilchen, Kornelkirsche und Gartenkresse. Nicht zu vergessen die Pappel, der Orakelbaum der Hekate: „Nahe beim Tempel der Hekate stand am Weg auf ebener Fläche eine Pappel, belaubt mit unzähligen Blättern, dort nisteten in Scharen die krächzenden Krähen," wie uns Orpheus wissen läßt. Der kolchische Garten der Hekate bildete eine Einheit mit ihrem Heiligtum, dem Tempel. Er soll von einer neun Klafter hohen Mauer umgeben gewesen sein. Der Zugang war durch göttliche Macht geschützt: „Hoch über dem Tore stand Artemis, zitternden Glanz ausstrahlend, mit schrecklichem Blick, den kein Sterblicher ertragen konnte, wenn er nicht mit Weihen nahte und mit Reinigungsopfern." Inmitten des Gartens stand – laut Orpheus – eine gewaltige Eiche, an welcher das Goldene Vlies hing: der Baum der Erkenntnis. Wie sich die Schlange um den Apfelbaum des Paradieses windet, so wird der Baum mit dem Goldenen Vlies von einem „Drachengewürm" umschlungen. Beide, Schlange wie Gewürm, bewachen das höchste Gut, die Erkenntnis. Hier in Gestalt des Goldenen Vlieses, dort in der des Apfels. Von mehreren Ethnobotanikern wurde das Goldene Vlies – dem Argonatuen-Epos nach das Fell eines goldenen Widders, als dessen Vater der Meeresgott Poseidon galt, und welcher dem Gott Ares geopfert wurde – als Symbol des Fliegenpilzes gedeutet. Der getrocknete Fliegenpilz liefert ein Halluzinogen mit stark bewußtseinserweiternder Wirkung. Er war ein häufig verwendetes Mittel im schamanischen Ritual. Der Fliegenpilz gedeiht nur in Symbiose mit einem Baum. Also das Goldene Vlies auf dem Baum ein psychoaktiver Pilz in Symbiose mit seinem Baum? – Dagegen spricht, daß Orpheus den Baum der Erkenntnis als Eiche bezeichnet. Der Fliegenpilz lebt nämlich nur mit Birken, Kiefern und Pinien in Symbiose. Die Birke ist allerdings einer der wichtigsten Schamanenbäume im europäisch-asiatischen Raum. Diese Bedeutung der Birke dürfte durchaus mit „ihrem" Fliegenpilz in Zusammenhang stehen.

Hekate und ihre Zauberkräuter haben Spuren in der gesamten antiken Literatur hinterlassen. Der Römer Vergil läßt in seiner „Aeneis" keinen Zweifel daran, daß das Zauberwissen der Hekate und ihrer Priesterinnen zwar dunkel, aber trotzdem segensreich ist. Dem Helden Aeneas gelingt die Fahrt in die Unterwelt nur durch die kundige Führung einer Sybille, also einer Orakelpriesterin. Sie ruft Hekate, die „Herrin des Abgrundes droben und drunten" an, und erst daraufhin öffnen sich die Tore des Orkus. Später, als sich der Höllenhund Zerberus Aeneas und der Sybille drohend in den Weg stellt, weiß die Zauberin, wie er zu besänftigen ist: mit Kuchen aus Honig, Mohn und Kräutern. Die Sybille, die Vergil beschreibt, ist die kräuterkundige Schamanin. Sie ist das Bild der weisen Frau, die weiß, wie man mit den Gefahren der Unterwelt umzugehen hat. Sie ist darüber hinaus Symbol dafür, daß sich jeder, der nach Erkenntnis strebt, der Unterwelt stellen muß: Jenem dunklen Teil, den jeder in sich trägt. Nur wer sich mit ihm auseinandersetzt, wer ihn kennenlernt, kann seine dunkle Seite als notwendige Hälfte seiner selbst und der Welt akzeptieren.

I Im Garten der Liebeslust

Aphrodite kennen wir als die Göttin der Liebe. Botticelli hat sie dargestellt, wie sie eben der Muschel entsteigt. Aus Schaum geboren, an den Strand von Zypern getragen, wunderschön und erotisch – so beschreibt sie schon Homer, der griechische Schriftsteller des achten vorchristlichen Jahrhunderts: „Es entwand sich dem Schaume / die erhabenste, reizendste Göttin. / Duftende Kräuter sprossen / unter dem leichtfüßigen Schritt / dieser dem Schaum entschlüpften Bekränzten. / Götter und Menschen nannten sie / Aphrodite, die vom Schaume genährte."

Sie dürfte eine der meistbesungenen Göttinnen der Geschichte sein. Immer galt sie als „himmlische Liebhaberin, Mutter der Begierde, Quelle der Verführung, Spenderin aller Wonnen und Lüste, insgeheim Wirkende, die Sinne Betörende ...", wie es in einer orphischen Hymne heißt. Aphrodite besaß einen Zaubergürtel, den sie trug, auch wenn sie sonst nichts trug. Darin waren alle Mittel verborgen, die die sinnliche Liebe weckten und stärkten. Man nannte sie Aphrodisiaka, und genauso nennt man bis heute jene Mixturen und Tränke, die ähnlich wirken sollen wie die Mittel aus dem Gürtel der Liebesgöttin. Viagra, die blauen Pillen aus der Apotheke, die der Stärkung der Manneskraft dienen, muß man wohl ebenso dazuzählen wie die berüchtigte „Spanische Fliege" aus dem Sexshop, von welcher schon wenige Tropfen die Liebesgöttin in jeder Frau wecken sollen. Daneben und davor – bis zurück in die Nebel der Geschichte – gab und gibt es die Zauberkräuter für die Liebeslust. Sie sind wie die Heil- und Schamanenkräuter in jeder Kultur und bei allen Völkern zu finden. Eine klare Abgrenzung gegenüber den Heilkräutern ist ohnehin nicht möglich. Oft ist es nur die Art der Verwendung, die den Unterschied ausmacht.

Seit die Menschen die Kräuter als Verbündete in allen Lebenslagen entdeckt hatten, suchten sie deren Zauberkraft auch für die Liebe zu nutzen. Die Kräuter sollten zum Handlanger der Liebesgöttin werden. Sie sollten Liebesbegehren entzünden, wo Desinteresse herrschte, Sinnlichkeit erwecken, wo sich die Langeweile breit machte. Sie sollten zu erotischen Abenteuern verführen, die Empfänglichkeit für die sinnlichen Genüsse erhöhen; sie sollten helfen, die Schranken der Hemmungen beflügelt zu überwinden – und all das taten die Kräuter auch, mit mehr oder weniger Erfolg.

Je nach Kultur, Gesellschaftsform und vorherrschender Religion wurden Aphrodisiaka sehr unterschiedlich gesehen und bewertet. In der griechischen und römischen Antike galt ihre Anwendung in breiten Bevölkerungskreisen als Möglichkeit, sich gesteigerten Genuß zu verschaffen. Parallel dazu dienten sie in manchen Mysterienkulten als Mittel, um sich in den heiligen Rausch zu versetzen. Sie führten zur ekstatischen Vereinigung mit der Göttin oder – als deren Stellvertreterin – mit der Priesterin.

Im Gegensatz dazu sind Aphrodisiaka und Potenzmittel in polygamen Stammesgesellschaften ein Mittel des Machtgewinns und Machterhalts. Der Häuptling ist umso angesehener, je mehr Frauen er befriedigen und umso mehr Nachkommen er zeugen kann. Weil in der Stammesgesellschaft Frauen kaum als Eigentum des Mannes gelten und sie nicht, wie etwa im Harem, in einem hermetisch abgeschlossenen Reich der Gelüste leben, steht der Häuptling unter einem beträchtlichen sozialen und sexuellen Druck. Ist eine seiner Frauen mit ihm nicht zufrieden, kann sie zu einem anderen Mann gehen – für den Häuptling ein Gesichtsverlust. Davor können ihn nur machtvolle Zaubermittel schützen. Und diese mischt der Schamane des Stammes aus seinem Schatz von Zauberkräutern.

Auch in den heutigen westlichen Kulturen haben Aphrodisiaka eine lange Tradition. Zwar trat durch den Einfluß des Christentums die Lustkomponente in den Hintergrund, den Liebestränken wurde aber die Fähigkeit zugeschrieben, Unfruchtbarkeit oder Zeugungsunfähigkeit zu beheben. Sie dienten somit dem gottgefälligen Werk der Fortpflanzung.

Grundsätzlich werden an Aphrodisiaka zwei sehr verschiedene Ansprüche gestellt. Dem Mann sollen sie vor allem zur Potenz verhelfen, sexuelles Unvermögen beseitigen oder eine erschlaffte Männlichkeit wieder aufrichten. Die Frau sollen sie für sexuelle Reize empfänglicher machen, sie erregen, verführen oder ihr Schamgefühl auslöschen. Vom zweiten Anspruch ist es nur mehr ein kleiner Schritt zum eigentlichen Liebeszauber. Während Aphrodisiaka von beiden Seiten bewußt eingenommen werden, soll der Liebeszauber heimlich wirken. Der oder die Betroffene soll von seiner Anwendung nichts merken, sich aber trotzdem dem Liebesverlangen des anderen hingeben.

Aphrodisiaka werden nicht nur als „Liebestränke" genossen. Sie können als Räucherstoffe gebraucht werden und durch ihren erotisierenden Duft wirken. Manche werden auch wie Tabak geraucht. Andere wiederum dienen zur Herstellung von Salben oder Ölen, die in die Haut einmassiert werden und schon durch die Art der Anwendung sinnlichen Genuß bereiten. Die heutige Medizin anerkennt die Wirksamkeit vieler überlieferter Aphrodisiaka, sieht sie aber zumeist als bloße Heilmittel gegen Störungen im Sexualbereich. Beim legendären Liebestrank der Isolde waren es noch die Geister der Natur und des Pflanzenreiches, denen die Wirkung zugeschrieben wurde. Bei den blauen Pillen aus der Apotheke sind es chemische Verbindungen. Der bloße Effekt mag der gleiche sein. Aber wenn man zum Vergleich das Liebesmahl vor dem Liebesakt heranzieht: Tiefkühlpizza aus der Mikrowelle – oder ein sinnliches Schlemmermahl bei Kerzenlicht ...

Mystische Einsicht und sexuelle Ekstase

Jene Helfer der Sinnlichkeit, die uns die Zauberkräuter liefern, verlangen nach einem gewissen erotischen Ritual und der nötigen Zeit dafür, nach einem offenen Geist und der Bereitschaft, ein Erleben auch über die Grenzen der Alltagsphantasie hinaus zuzulassen. Sie helfen mit, die erotische Erlebnisfähigkeit zu steigern und regen die Phantasie zu vielerlei Variationen des Erlebens und des Tuns an. Die Zauberkräuter sind jedoch kein Turbolader für einen müden Magermotor, und sie sind auch keine Medikamente gegen physische Funktionsstörungen im medizinischen Sinn.

Mystische Einsicht und sexuelle Ekstase liegen näher beisammen, als ein nüchterner Geist des 21. Jahrhunderts auf den ersten Blick vermuten möchte. In früheren Kulturen galt jedoch diese Verbindung als Selbstverständlichkeit. Die Brücke zwischen diesen beiden Polen menschlicher Bewußtseinsfindung und darüber hinaus zu den Göttern, zum Universum, bilden die Kräuter. Welche Kräuter – das war ein Jahrtausende währender Erfahrungsprozeß. Heute weiß man, daß Heilkräuter und psychoaktive Pflanzen auf der ganzen Welt wachsen, und daß der Mensch, egal an welchem Punkt des Globus er seine Kultur entwikkelte, immer die seinen Bedürfnissen ensprechenden Pflanzen finden konnte. Der Gebrauch von Heil- und Zauberkräutern ist im wahrsten Wortsinn universell.

Die ältesten schriftlichen Hinweise auf pflanzliche Aphrodisiaka finden sich auf den Keilschrifttafeln der Summerer, auf chinesischen Orakelknochen – auf denen bereits der Ginseng-Wein erwähnt wird –, in ägyptischen Papyrusrollen und auf den Schrifttafeln der Hethiter, die in der etwa 7000 Jahre alten Stadt Catal Hüyük im anatolischen Hochland gefunden wurden. Auf einer solchen Tafel findet sich ein regelrechtes Rezept zum „Kühlen der Glieder und Hartmachen von Weichheit": Blätter von Christdorn und Dornakazie sollen in Honig gestampft werden. Nach vier Tagen des Rastens sollen aus diesem Brei Kügelchen geformt und diese auf dem Liebeslager genossen werden. Den Honig findet man übrigens immer wieder, quer durch die Zeiten, als Beigabe zu den Kräutermischungen oder als deren schmackhaften Träger. Der römische Schriftsteller Ovid äußert sich im ersten nachchristlichen Jahrhundert in seinem Buch „Über die Liebeskunst" zu den damals gebräuchlichen aphrodisierenden Mitteln und erwähnt dabei auch den Honig: „Gelbes Bertramkraut reiben sie in ihren Wein, doch läßt sich so nicht zum Genusse zwingen die Göttin ... Vielmehr das reizende Kraut Artemisia, das aus den Gärten kommt, und Honig aus den Waldungen ..."

In den großen Kräuterbüchern der Antike – von Theophrast, Plinius dem Älteren, Dioskurides – ist immer wieder von den Kräutern zur Steigerung der Liebeskraft die Rede:

0664/9450453

Alraune, Stechapfel, Winde, Safran und eine Reihe von Nachtschattengewächsen haben seither ihren festen Platz als Zauberkräuter für die Liebe. Im Zuge der Christianisierung wurden sie zwar als „Brunstkräuter“ verteufelt, das Wissen um ihre Wirkung konnte aber nicht ausgelöscht werden. Im Einflußbereich des Islam verloren sie ohnehin nie an Wertschätzung. Den Anhängern des Propheten ist die Lust nicht untersagt, und so wurden Aphrodisiaka wie Hanf, Opium und Mixturen, wie etwa die legendären „Fröhlichkeitspillen“, in angemessener Weise verwendet.

Hanf:
Die Blüten des Gottes Shiva

Auf dem indischen Subkontinent ist die weibliche *Hanfblüte* seit Jahrtausenden dem Gott Shiva heilig. Die zweigeschlechtliche Hanfpflanze kann man überhaupt als die wichtigste Kulturpflanze Europas und Asiens von der Urzeit bis in das 19. Jahrhundert sehen. Schon um 2700 v. Chr. ist in China der Anbau von Faserhanf nachgewiesen. In Zentralanatolien fand man Gewebereste aus Hanffasern, die etwa 8000 Jahre alt sein dürften. Die Kunst des Webens entdeckte der Mensch etwa gleichzeitig mit jener des Töpferns, und es waren wohl die langen Fasern der Hanfstengel, die den Menschen auf den Gedanken brachten. Die Fasern waren aber nur ein Teil des Nutzens, den der Hanf dem Menschen bot. Seine Samen liefern ein wertvolles und gutverträgliches Speiseöl, sein Kraut und sein Harz waren über Jahrtausende hinweg unverzichtbare Heilmittel, bevor sie als „Suchtgiftmittel“ dämonisiert wurden. Aus den Blattspitzen gewinnt man durch einfaches Trocknen Marihuana, aus Harz Haschisch. Die Einstufung der beiden Substanzen als gefährliches Rauschgift ist ein Produkt des letzten Jahrhunderts, nämlich einer Antihanfkampagne, die um 1930 in den USA ihren Ausgang nahm und den Slogan „Marihuana – Mörder der Jugend“ als Vorwand für handfeste wirtschaftliche Interessen der Pharma- und der Baumwollindustrie nutzte. In den letzten Jahren wurde der Hanf als ökologisch und ökonomisch höchst bedeutsame Nutzpflanze jedoch wiederentdeckt und weitgehend rehabilitiert. In der Schweiz gab es nie Restriktionen hinsichtlich des Hanfanbaues. In Deutschland und Österreich ist der Anbau von THC-armen Hanfsorten (THC ist das halluzinogen wirksame Alkaloid) seit 1995 wieder erlaubt und wird sogar von der Europäischen Union gefördert.

Die Brücke zum indischen Liebesgott Shiva spannt die harzige weibliche Blüte des Hanfs. „Nektar der Verzückung“ wird sie in der frühesten überlieferten Schrift der Brahmanen, dem Satapatha Brahmana, genannt. Sie ist das wichtigste Aphrodisiakum der altindischen Liebeslehre Kamasutra, vor allem in der Form kandierter Blüten auf dem Liebeslager genascht oder mittels Wasserpfeife geraucht. Darüber hinaus gibt es zahllose Arten der Zubereitung – gemeinsam mit anderen Zutaten und vielerlei Gewürzen – als Getränk, vor allem mit schwarzem oder grünem Tee aufgebrüht, und als Gebäck.

Im Ayurveda, der traditionellen Lehre der indischen Medizin und Lebenskunde, gelten Aphrodisiaka nicht als Steigbügelhalter für umtriebige Don Juans, sondern als Möglichkeit, im Eheleben die Lust wach zu halten. Aphrodisiaka sind die Mittel zur Steigerung der freudigen Erregung. Die traditionelle indische Medizin sieht ihre Anwendung als Ehe- und Partnertherapie. Sie festigen die Liebe und das Gefühl der Zusammengehörigkeit, daneben fördern sie auch die Fruchtbarkeit. Eines der berühmtesten Rezepte aus der Liebesküche des Ayurveda ist das „Majun": Hanfblüten, Stechapfelsamen, Gewürznelken, Kardamom, Kreuzkümmel, Butter, Mehl, Milch und Honig werden zu Kügelchen geknetet und kurz in heißem Öl oder in heißer Herdasche gebacken. Wer diesen Konfekt genießt, erfährt, wie es heißt, die höchsten Wonnen: „Das Gefühl, in höchster Höhe zu fliegen, heftige Wünsche und ein süßer Hunger ...", kurz, die Ekstase in inniger Nähe des Gottes Shiva.

HANF

Der erotische Geheimkult der altindischen Kultur ist der Tantrismus. Er ist nicht, wie er heute oft dargestellt wird, bloß ein raffiniertes Vorspiel zum Geschlechtsverkehr. Tantra ist ein zutiefst religiöser Akt, vergleichbar mit den Mysterienreligionen der europäischen Antike. Es ist der Weg, über die sexuelle Ekstase die Mysterien des Universums zu erfahren und am Göttlichen teilzuhaben. Der Ursprung des Tantras liegt im Mythos und zeigt genauso wie die aphrodisierende Hanfblüte die Verbindung zum Gott Shiva und seiner Gattin Shakti. Shiva gilt als passive männliche Schöpferkraft, die durch seine eigene weibliche Kraft Shakti erweckt wird. Shiva und Shakti sind somit die Verschmelzung des weiblichen und männlichen Prinzips in einer Person. Sie bilden eine untrennbare, göttliche Einheit. In höchster Ekstase verbinden sich beider Energien und erleuchten als göttliches Licht das gesamte Universum.

Die Rituale des Tantras streben nach dieser Ekstase, dem Zustand höchster Energie jenseits von Raum und Zeit als Bewußtsein des Göttlichen. In den fünf Stufen des tantrischen Rituals werden Schritt für Schritt die Tabus der altindischen Gesellschaft gebrochen – einer der Gründe, warum Tantra nur bedingt in eine andere Kultur transferiert werden kann. Die fünf Stufen gelten als Sakramente, die von Meditation, Mantras, Waschungen und Gebeten eingeleitet werden. Dazwischen werden Hanfblüten und Stechapfelblätter geraucht – auch aus durchaus praktischen Erwägungen, um die für das Ritual nötige sexuelle Ausdauer zu erlangen.

Die Hanfblüte als Aphrodisiakum ist in den meisten Kulturen der Geschichte zu finden. Im taoistischen China braute man daraus Liebeselixiere, die Russen verrühren sie in den „Brei der Fröhlichkeit", bei den Germanen war die Hanfpflanze generell der Göttin Freya geweiht, und in Mexiko gilt die Hanfblüte als „Heilige Rose", die sich die Liebenden gegenseitig reichen.

Stechapfel:
Der Apfel des Liebesgottes

Während die Hanfblüte im Tantra die weibliche Seite ausdrückt, wird die männliche durch ein zweites machtvolles Aphrodisiakum symbolisiert: den *Stechapfel.* Dieses strauchartige Kraut kommt in etwa zehn verschiedenen Arten in Süd- und Südostasien sowie in Mittelamerika vor. In Europa wurde der Stechapfel erst ab dem 15. Jahrhundert bekannt. Heute ist er – auch wegen der hübschen weißen Blüten – oft in Gärten zu finden, und er fühlt sich auch als Topfpflanze auf Balkon oder Terrasse wohl.

Als Aphrodisiakum wirken sowohl die Blüten als auch die Samen des Stechapfels, und sie werden dort, wo der Stechapfel natürlicherweise wächst, seit Jahrtausenden verwendet. In den Amazonaswäldern findet man zwar keinen Stechapfel, aber einen nahen Verwandten: die Engelstrompete. Die heute so beliebte Zierpflanze europäischer Gärten und Blumentöpfe sieht nicht nur ähnlich aus, sie wirkt auch ähnlich. Das Wissen um den Nutzen muß sich jedoch auch auf die richtige Dosis beziehen. Denn im Gegensatz zur Hanfblüte verzeiht die Engelstrompete eine Überdosis nicht – dann wirkt sie nämlich tödlich. Aber auch diese Eigenschaft teilt sie mit dem Stechapfel.

Im Tantra gilt die Blüte des Stechapfels als Symbol der phallischen Kraft. Bei vielen Ritualen zu Ehren des Gottes Shiva werden die Blüten geopfert. Mit dieser Gabe soll die Schöpferkraft des Gottes genährt werden. Die Samen des Stechapfels dagegen vermehren die Samen im männlichen Körper und damit die sexuelle Kraft insgesamt. Allerdings weisen bereits alte Sanskrit-Texte auf die Gefährlichkeit der Stechapfelsamen hin: Dem Gott Shiva seien viele Samen zuträglich, dem Menschen aber nur wenige. Die in ihnen gespeicherte Energie sei so stark, daß sie den Menschen töten könne. Heute geht man von der Annahme aus, daß – je nach Körpergewicht – zwei oder drei Samen zu sexuellen Höhenflügen verhelfen, jedes darüber hinausgehende Maß aber zu Vergiftungen führt.

Die Wirkstoffe des Stechapfels wurden von der Pharmazie als Tropan-Alkaloide identifiziert, zu denen auch Atropin, das Alkaloid der Tollkirsche, gehört, und das Nervengift Scopolamin, das in isolierter Form in der Psychiatrie als „chemische Zwangsjacke" gebraucht wird.

Die Wirkung der überdosierten Stechapfelsamen – Apathie bis zur Betäubung – machte sich eine in Nordindien lebende Räubersekte zu nutze. Die Räuber mischten in Gaststätten ihren späteren Opfern Stechapfelsamen in das Essen, um sie später problemlos berauben zu können. Auch als Helfer der Notzucht mußten die Stechapfelsamen herhalten: Sie machten die Frauen willenlos und unfähig, sich gegen unerwünschten Verkehr zu wehren. Im Bericht eines englischen Reiseschriftstellers, der Indien und Nepal im 17. Jahrhundert bereiste, heißt es dazu – und über den Stechapfel allgemein: „Mit den Weibsbildern kann vermittels dieses Mittels mancher seine Begierden pflegen und vieles, ja gleichsam alles, mit ihnen zuwege bringen. Wohl kein Kraut auf Erden kann so viele böse wie auch gute Dinge stiften ..." Wie bei allen Arzneien, Heil-, Gewürz- und Rauschkräutern gilt eben auch beim Stechapfel, was schon Paracelsus erkannte: Die Dosis macht´s.

STECHAPFEL

WEIN UND FLIEGENPILZ:

DER GÖTTLICHE RAUSCH DES DIONYSOS

Mit der Dosierung ihres wichtigsten Aphrodisiakums hatten Römer und Griechen wohl häufig Probleme: Es war nämlich der Wein. Wenn die antiken Schriftsteller vom Wein berichten, darf man dieses Getränk jedoch nicht mit den Augen eines heutigen, weinkundigen Europäers sehen. Zwar bestand die Basis aus gekelterten Trauben, der Wein wurde aber immer mit Wasser verdünnt getrunken. Je nach Anlaß wurde er mit einer „Blume" versehen, also mit Zutaten aus dem Reich der Zauberkräuter. Das konnte bei den Symposien, den geselligen Trinkgelagen, Salbei oder Muskatellersalbei sein; auch Thymian, Rosmarin, Wermut und Ysop waren gebräuchlich. Als Anreger der Liebeslust und Tribut an die Liebesgöttin galt der Wein, dessen „Blume" aus dem Garten der Aphrodite stammte: Nieswurz, Eisenhut oder Alraune waren in entsprechend vorsichtiger Dosierung die Zutaten zum Rebensaft. Am heftigsten aber wirkte der „Wein des Dionysos". Seine „Blume" war nichts anderes als fein geraspelter getrockneter *Fliegenpilz.*

Dionysos, der Gott des Weines und der Sinnenfreuden, war ursprünglich ein Gott der kleinasiatischen Thraker. Von dort kam er nach Griechenland, und er kam nicht allein, sondern brachte auch noch Scharen mythischer Nymphen und Satyrn mit. Dieser Gott der Ekstase fand rasch viele Verehrer, nicht nur unter den Männern, denen er den Freibrief für jede Art der Lust und Lüsternheit bot; auch die Frauen waren ihm hold. Die weiblichen Anhänger des Dionysos nannte man Mänaden. Sie beflügeln die Fantasie der Dichter und Maler bis in unsere Zeit.

Zu Ehren des Gottes Dionysos wurden orgiastische Feste veranstaltet, die Dionysien. Wie es der Natur des erotisch-ekstatischen Gottes entsprach, wurde getanzt und gesungen, bis die Beteiligten berauscht übereinander herfielen. Die Seelen schwangen sich zur höchsten Lust auf, die Körper aber waren vom Gott der Lüste erfüllt. Natürlich war an dieser Berauschung der „Wein des Dionysos" maßgeblich beteiligt. Purer Wein hätte diese Ekstase nicht auslösen können.

Interessanterweise nannten die Griechen alle Pilze „Phalloi" und sahen sie als Phallen der Erde. Außer spärlich vorkommenden Morcheln gedeiht in Griechenland aber nur der Fliegenpilz. Man darf also annehmen, daß die auf Vasen dargestellten Jünglinge bei der Pilzernte in direktem Bezug zum Dionysos-Kult zu sehen sind. Bei den Römern hieß Dionysos übrigens Bacchus, und die Gelage zu seinen Ehren nannten sie Bacchanalien.

Der Fliegenpilz ist eine der ältesten eurasischen Zauberpflanzen. Die Schamanen der Turkvölker in den zentralasiatischen Steppen nutzen den Fliegenpilz für die Jenseitsreise oder um ihre schlummernden Heilkräfte freizusetzen. In der germanischen Mythologie wird die Raserei Wotans mit dem Fliegenpilz in Zusammenhang gebracht, und die europäischen Volksmedizinerinnen des Mittelalters und der frühen Neuzeit, die Hexen, wußten um die aphrodisierende Wirkung des in Wein oder Met eingelegten getrockneten Fliegenpilzes. Fast überall wo der Fliegenpilz wächst, findet man auch seine Anwendung, und meist steht sie in engem Zusammenhang mit der Erotik. Es ist kein Zufall, daß der Fliegenpilz als Glückssymbol gilt.

Die Giftigkeit des Fliegenpilzes wird häufig überschätzt. Tatsächlich sind kaum tödliche Vergiftungen allein durch den Fliegenpilz bekannt. Der frische Pilz zeigt zudem nur sehr schwache psychoaktive Wirkung. Erst beim Trocknen in der Sonne oder über dem Ofen entsteht das stark psychedelisch wirksame Muscimol. Es führt zu ähnlichen Bewußtseinszuständen wie Hanfblüte oder Stechapfel, steigert aber zusätzlich die Fähigkeit, die eigene Körpermuskulatur mit aller Bewußtheit wahrzunehmen.

Der getrocknete Fliegenpilz wird meist in Alkohol eingelegt und dieser alkoholische Auszug dann getrunken. Als wirkungsvolles Aphrodisiakum gilt aber auch die Räucherung mit einer Mischung aus getrocknetem Fliegenpilz und getrockneten Stechapfelblättern.

Ein besonderes Aphrodisiakum der griechischen Antike muß an dieser Stelle noch erwähnt werden: Ambrosia. Es ist der Trank der Götter, den Sterblichen verwehrt, weil er höchste Lust, universelles Bewußtsein und letztendlich Unsterblichkeit verleiht. Seit der Antike sind die Kräuterkundigen auf der Suche nach dem Rezept dieses Zaubertranks.

Schraubt man die Ansprüche etwas zurück und nimmt man die Eigenschaften nicht allzu wörtlich, könnte man beim Vater der Klostergärten, dem Mönch Walahfried Strabo, einen dezenten Hinweis finden. Er beschreibt im 9. Jahrhundert eine Pflanze namens Ambrosia, die unschwer als *Schafgarbe* zu identifizieren ist: „Es gedeiht hier (in seinem Klostergarten auf der Bodenseeinsel Mainau, Anm.) die Ambrosia, wie sie gewöhnlich heißt. Man lobt sie zwar sehr, doch bezweifeln manche, daß sie jene Ambrosia sei, die in den Büchern der Alten so häufig genannt wird. Sicher verwenden sie die Ärzte als Arznei. Sie entzieht, als Mittel getrunken, dem Körper das schlechte Blut, führt ihm heilsame Säfte zu und verleiht viel Kraft." Unzweifelhaft spielt Walahfried Strabo auf die kreislaufstärkende Wirkung der Schafgarbe an. In vielen Liebestränken ist Schafgarbe enthalten, denn ein stabiler Kreislauf ist eine Grundvoraussetzung für sexuelle Ekstase. Im Elsaß bereiten kräuterkundige Frauen angeblich noch heute einen „Gattenwein" zu, der auf der Basis dieses Wissens dem legendären Ambrosia recht nahe kommen dürfte. In eine irdene Schüssel werden Schafgarbenkraut und -blütendolden gehäuft und mit einem Liter kochendem Weißwein übergossen. Nach dem Abkühlen werden die getrockneten Scheiben eines Fliegenpilzhutes beigegeben, der Ansatz zugedeckt und für zwei Wochen an einen kühlen Ort gestellt. Danach seiht man den Ansatz ab, und der Wein steht zur Entzündung der Lust zur Verfügung.

Übrigens: Richtig getrocknet wird der Fliegenpilz, indem man den vom Stiel befreiten Hut in knapp fingerdicke Scheiben schneidet, durch dieselben einen Faden zieht und diese „Fliegenpilzkette" in der Sonne oder über dem Ofen zum Trocknen aufhängt.

Granatapfel und Alraune

Mit dem wild wachsenden und entsprechend „wild" – also dionysisch-orgiastisch – wirkenden Fliegenpilz hatte Aphrodite nichts am Hut. Sie war auch nicht auf ihn angewiesen. Denn im mystischen Garten der großen Liebeszauberin gedieh eine Vielfalt an Zauberkräutern. Die lieblich-zarte Wasserminze und der ätherische Blaue Lotus, die Damaszenerrose und die Lichtnelke genauso wie ihre machtvollsten Zauberpflanzen: der Granatapfel und die Alraune.

Die Geschichte des *Granatapfels* ergäbe nicht bloß ein eigenes Kapitel, sondern ein ganzes Buch. Er ist eine zutiefst mystische und erotische Pflanze. In vielen Kulturen wird der geheime Ort höchster Lust durch die Blüte symbolisiert, die auf dem reifenden Granatapfel verbleibt. Die pralle rote Blüte wird in den antiken Mythen als Vulva der Aphrodite bezeichnet. So ist es auch der Granatapfel, der unter allen Pflanzen der Aphrodite die größte Aufmerksamkeit erregt. Schon im alten Ägypten galt er als Sinnbild von Liebe, Erotik und Sinnlichkeit. In einem Liebesgesang, der auf einem Papyrus erhalten blieb, heißt es: „Meine Kerne gleichen ihren Zähnen, meine Frucht ihren Brüsten. Ich bin der Beste des Gartens."

Auf Wandzeichnungen im Tal der Könige ist zu erkennen, daß das Liebeslager mit Granatapfelblüten geschmückt ist. Und Salomon singt in seinem Hohen Lied (8. Kapitel, Vers 2) vom Granatapfel: „Ich wollte dich führen in meiner Mutter Haus, da du mich lehren solltest; da wollte ich dich tränken mit gewürztem Wein und mit dem Most meiner Granatäpfel."

Seit frühester Zeit gilt der Granatapfel als Symbol des Frühlings, der Verjüngung, der Regeneration. Er steht für den Wandel, und weil Zauberei nichts anderes als das Wissen um den Wandel ist, ist der Granatapfel das urtümlichste Symbol für den erotischen Zauber. Besonders beliebt war der Granatapfelwein. Der rote Saft aus den gepreßten Früchten läßt sich gut vergären und ergibt ohne viel Zutun einen süß-fruchtigen, aromatischen Wein. Er schmeckt weitaus besser als die meisten Mode-Cocktails, wirkt angenehm erregend, ohne heftig zu berauschen, und es ist kaum verständlich, daß dieser Göttertrank beinahe in Vergessenheit geraten ist.

Nicht vergessen, sondern von zahlreichen Legenden umrankt ist die Mandragora, die *Alraune*. So zahlreich wie die Vorstellungen von ihrer geheimnisvollen Wirkung sind auch die Namen, die ihr gegeben wurden. Der Volksmund nennt sie Zauberwurzel oder – wegen ihrer Form – Galgenmännlein, Liebesapfel, Hundsapfel – weil sie dem Volksglauben nach nur von Hunden ausgegraben werden darf –, und die germanischen Zauberfrauen hatten sogar den Namen mit der menschengestaltigen Wurzel gemeinsam: Alruna. Schon Dioskurides zählt die verschiedenen Namen auf, die ihr von den antiken Griechen gegeben wurden: „Mandragora heißt sie, doch nennen manche sie Kirkaia (Pflanze der Kirke), da die Wurzel als Liebesmittel dient, andere Anthropomorphon (die mit der Menschengestalt), wieder andere Bombochylos (die Rausch Verursachende) ..."

Botanisch ist die Alraune ein Nachtschattengewächs und eng mit dem Stechapfel, der Tollkirsche und dem Tollkraut verwandt. Von den Kräuterkundigen des Mittelalters wurden Alraune und Tollkirsche überhaupt als Geschwister gesehen. Das natürliche Vorkommen der Alraune erstreckt sich vom südlichen Alpenrand bis Süd- und Osteuropa und die nordafrikanischen Küstengebiete. Sie ist auf warmes, ausreichend feuchtes Klima angewiesen. Die Tollkirsche dagegen ist ein Kind des Nordens.

Schon im Ägypten der Pharaonenzeit galt die Alraune als machtvolles Aphrodisiakum. Die Wurzel wurde entweder in Wein eingelegt oder überhaupt der Wein mit fein geschabter, getrockneter Alraunenwurzel versetzt. Ein Geheimrezept aus dem „Papyrus Ebers", der ältesten Rezeptsammlung der Welt, beschreibt einen süß-würzigen Trank, der zur Entfachung der sinnlichen Begierde empfohlen wird: Milch, Honig, Kräuter wie Schafgarbe und Wasserminze, zerdrückte Quitten und eine geschabte Alraunenwurzel werden mit kochendem Wein übergossen. Nach dem Abkühlen und Abseihen kann der Trank bereits genossen werden.

Theophrastus, der berühmte Kräuterarzt des Mittelalters, kennt auch medizinische Anwendungen der Alraune: Die Blätter der Mandragora sollen zusammen mit Gerstenkörnern gekocht werden. Der Brei soll auf Geschwüre aufgetragen werden. Er bringt sie rasch zum Abheilen. Gegen Gürtelrose und Gicht empfiehlt Theophrastus, die Wurzel über mehrere Tage hinweg in Essig einzuweichen und den Essig sodann für Umschläge zu verwenden. Ausgiebig mit Wein verdünnt könne dieser Alraunenessig zur Beseitigung von Gicht auch getrunken werden, er wirke in dieser Form aber auch als Schlafmittel.

Die Verwendung auch der Blätter der Alraune bei Theophrastus läßt bereits darauf schließen, daß alle Teile der Pflanze einen hohen Wirkstoffgehalt aufweisen. Der höchste Gehalt an Alkaloiden findet sich in Wurzel und Früchten. Für die starke psychoaktive Wirkung sind vor allem die Alkaloide Scopolamin, Atropin, Hyoscin und das nur aus der Mandragora isolierte Mandragorin verantwortlich. Die Überdosierung wirkt wie bei allen Alkaloiden toxisch und führt zu schweren Vergiftungen.

ALRAUNE

ALRUNAS UND DAS GALGENMÄNNLEIN

Schon im Altertum rankten sich vielerlei Mythen um die Kraft der Alraune. Die Gestalt der Wurzel, die meist einer Menschengestalt ähnelt, trug wesentlich zum Flair des Geheimnisvollen bei. Man war sogar der Ansicht, daß in der Alraune die Seele eines Menschen gefangen sei und sich diese Seele gegen das Ausgraben der Wurzel zur Wehr setze: Wer die Wurzel aus der Erde ziehe, könne durch den Schmerzensschrei der Alraunen-Seele getötet werden. Darauf bezieht sich auch der Brauch, die Alraune von einem Hund ernten zu lassen. Agrippa von Nettesheim, einer der bedeutendsten Zauberkundigen des europäischen Mittelalters, beschreibt in seinem Buch „Die magischen Werke“ das damalige Wissen über die Alraune und die Vorschriften, nach denen sie geerntet werden müsse: „... sie entgehe den Händen und Augen des nach ihr Greifenden und halte nicht eher stand, als bis sie mit dem Urin einer Menstruierenden besprengt werde. Doch auch auf diese Weise wird die Wurzel nicht ohne große Gefahr der Erde entrissen, denn es trifft den, der sie herauszieht, auf der Stelle der Tod, so er nicht durch ein Amulett von der gleichen Wurzel geschützt ist. Wer nicht im Besitz eines solchen ist, gräbt deshalb rings um die Wurzel die Erde auf, bindet einen Hund mit einem Strick an die Wurzel und entfernt sich eilends. Der Hund, welcher mit aller Mühe loskommen will, reißt die Wurzel heraus und stirbt anstatt seines Herrn. Jener kann sodann die Wurzel ohne Gefahr aufnehmen."

Die Bezeichnung „Galgenmännlein" für die Alraunenwurzel ist auf germanische Tradition zurückzuführen. Wie wir vom römischen Geschichtsschreiber Tacitus wissen, der in seiner „Germania" alle ihm zugänglichen Informationen über die gefürchteten Nachbarn des Imperium Romanum zusammentrug, hießen deren kräuter- und zauberkundigen Frauen Alrunas. Der Wortstamm „Runa" bezeichnet das Geheimnis und im weiteren Sinn die Zeichen des Geheimnisses, die Runen. Die Runen waren in Buchenstäbe geritzt, welche im Bündel geworfen wurden und je nachdem, wie sie zu liegen kamen, dem oder der Runenkundigen eine Botschaft vermittelten. Sie dienten ursprünglich ausschließlich der Wahrsagerei. Als Schriftzeichen für die Nachrichtenübermittlung kamen sie nur selten zur Anwendung, und dann auch vor allem im Sinne einer Geheimschrift. Die „Buchstaben" als kleinstes Element unserer Schrift haben ihren Namen trotzdem von den Buchenstäbchen, die die Runen trugen.

Der Ursprung der Runen wird in der germanischen Mythologie auf Wotan zurückgeführt. Der Gott der Dichtkunst, des Rausches und der Ekstase erfand sie, als er – in einem symbolischen Initiationsritual – neun Tage an der Weltesche Yggdrasil hing. Er war der mystische Gehenkte, der auch in den Tarotkarten der heutigen Wahrsager aufscheint. Das Aufhängen an einem Baum war bei den Germanen jedoch auch eine übliche Hinrichtungsmethode. Dabei fiel Henkern und Zuschauern bald auf, daß einem Erhängten im letzten Augenblick seines Lebens noch ein Samenerguß beschieden war. Diesem Samen wurden magische Kräfte zugesprochen: Fiel er auf die Erde, wuchs daraus eine Alraune. Die Seele des Gehenkten lebte in der menschengestaltigen Wurzel fort und verlieh ihr die besondere Heil- und Liebeskraft. Im Volksmund heißt sie aufgrund dieser Vorstellung bis heute „Galgenmännlein".

Im Christentum wurde das „Galgenmännlein" zum heidnischen Dämonen. Die Zurechnung der Mandragora zum Reich des Bösen stellte die Theologen allerdings vor Probleme. Im Alten Testament der Bibel werden die „Liebesknollen" nämlich als Gabe Gottes erwähnt: „Als Jakob am Abend vom Felde kam, ging Lea ihm entgegen und sprach: Zu mir sollst du kommen, denn mit Liebesknollen habe ich dich erkauft. Und er schlief die Nacht bei ihr. Gott aber erhörte Lea, und sie ward schwanger und gebar einen Sohn." Man löste das Problem, indem man die Alraune zum Sinnbild der Kontemplation umdeutete: Sie lasse den Menschen in Beschauung von solcher Süße versinken, daß er nichts mehr fühle von den Widrigkeiten der äußeren Welt. Und selbstverständlich ordnete man sie der christlichen Allmutter, der Jungfrau Maria, zu. Denn wenn die Mandragora schon die Liebe entfachte, sollte es wenigstens die reine Liebe zum Gottessohn und seiner Mutter sein. Im Mittelalter und in der frühen Neuzeit galt die Alraune trotzdem als berüchtigte Hexenpflanze.

Pappelknospen, Alraune und Bilsenkraut:

Buhlsalben und Hexenflug

In den Hexenprozessen der frühen Neuzeit genügte schon der Verdacht auf Verwendung der Alraune, um der Teufelsbuhlschaft überführt zu werden. Immerhin galt die Alraune als wesentlicher Bestandteil der Flugsalben der Hexen. Einer verbreiteten Ansicht nach sollen die Hexen diese Salben an verschiedenen sensiblen Körperstellen aufgetragen haben. Die psychoaktive Wirkung führte in kurzer Zeit zu heftigen Halluzinationen, in deren Verlauf das Bewußtsein den in Erstarrung verfallenen Körper verließ. Diejenigen, die diese Hexensalben anwandten, flogen tatsächlich durch die Lüfte zum Hexensabbat, einer Orgie zu Ehren des bocksgestaltigen Gottes – wenn auch nicht physisch, sondern nur psychisch. Oder, wie man es vor dem heutigen esoterischen Hintergrund auch nennen kann, in der Art einer Astralreise. Materieller Körper und der als Astralleib bezeichnete „Energiekörper" bilden an sich eine deckungsgleiche Einheit. Unter bestimmten Voraussetzungen können sich die beiden jedoch trennen. Der physische Körper bleibt dann in völliger Erstarrung zurück, da ihm ja die Energie aus dem Astralkörper fehlt. Der materielose Astralkörper dagegen ist in der Lage, sich unabhängig vom physischen Körper durch Zeit und Raum zu bewegen. Dieser Vorgang entspricht haargenau dem, was man den Schilderungen des „Hexenfluges" entnehmen kann. Daß die Betroffenen nach der Rückkehr des Astralleibes in den physischen Körper – um bei der esoterischen Diktion zu bleiben – überzeugt sind, tatsächlich durch den Raum geflogen zu sein und auch an den Tänzen und Orgien beim Hexensabbat teilgenommen zu haben, ist nicht verwunderlich. Das Bewußtsein ist der Träger der Erinnerung, und es ist das Bewußtsein, das auf Astralreise war.

Im Gefolge der Hexenprozesse der frühen Neuzeit wurden nicht nur Kräutermagier, sondern auch Ärzte und Apotheker angeregt, mit den sogenannten Hexensalben zu experimentieren. Natürlich im geheimen, um nicht selbst der Hexerei angeklagt zu werden.

Trotz der Geheimhaltung ist einiges von den Ingredienzien der Salben und deren Wirkungsweise überliefert. So gilt als Salbengrundlage allgemein die Pappelknospensalbe. Man verwendet zu ihrer Herstellung die duftenden Blattknospen, bevor sie beginnen, sich zu Blättern zu entfalten. Ursprünglich wurde die Salbe so hergestellt, daß die Pappelknospen etwa eine halbe Stunde in heißem Ziegenfett gesotten wurden, das man sodann etwas abkühlen ließ, bevor man es durch ein grobes Tuch preßte und so die fasrigen Knospenreste aus der Salbe entfernte. Das heute verbreitete Rezept basiert auf dem kalten Ölauszug: Die Pappelknospen werden in einem Glas mit Olivenöl übergossen, das Glas gut verschlossen und für drei Wochen an einen kühlen Ort gestellt. Danach gießt man den Ansatz mitsamt den Knospen in eine feuerfeste Schüssel, erhitzt ihn und läßt ihn unter ständigem Rühren etwa 10 Minuten schwach sieden. Dann wird er abgeseiht. Zur Verdickung rührt man einige Blättchen Bienenwachs unter, etwa 20 Gramm je Viertelliter Öl.

Die Pappelknospensalbe ist ein traditionelles Mittel der Volksmedizin, eine schmerzstillende Salbe, die man vor allem bei Brand- und Schürfwunden, Sonnenbrand, Krampfadern und Hämorrhoiden anwendet. Als Basis der Hexensalbe hat sie den Vorteil, die empfindliche Haut unter den Achseln oder sogar die Schleimhäute im Vaginal- oder Analbereich, auf welche die Buhlsalbe vorwiegend aufgetragen wurde, vor Überreizung oder Verätzung durch die sonstigen Zutaten zu schützen.

Die „sonstigen Zutaten“ sind es natürlich, die eine Hexensalbe ausmachen. Die ethnomedizinische und ethnobotanische Forschung kommt an den Buhl- und Flugsalben nicht vorbei, und so weiß man heute, daß diese Unterscheidung nicht bloß eine sprachliche ist. Tatsächlich dürfte hinsichtlich der Hexensalben der einzigartige Fall vorliegen, daß man durch die Art der Zutaten die Inhalte der hervorgerufenen Halluzinationen beeinflussen kann. Ob reine Astralreise oder ekstatische Orgie mit dem bocksfüßigen Faun – den Unterschied machen nur die Zutaten der Salbe aus!

Als Zutaten zu den Flugsalben gelten vor allem Bilsenkrautblüten oder -samen, Wurzel, Früchte oder Blätter der Tollkirsche, die krautigen Teile oder Blüten des Tollkrautes, Blüten und Blattspitzen des Hanfes und getrockneter Fliegenpilz. Die Zutaten scheinen sowohl jede für sich als auch in unterschiedlichen Kombinationen bestimmte Formen des Flugerlebnisses hervorzurufen, auch hinsichtlich der Intensität. Wobei an dieser Stelle noch einmal darauf hingewiesen sei: Die Kunst liegt nicht darin, seinen Körper zu verlassen und losgelöst durch die Dimensionen zu fliegen. Die Kunst ist es, unbeschadet in seinen Körper zurückzukehren! Die Ansicht, daß die äußerlich aufgetragenen Salben nicht so gefährlich wirken könnten wie eingenommene Drogen, ist ein Irrtum, der fatale Folgen für die psychische Gesundheit haben kann! Das heißt: Eine Überdosierung ist auch bei den Hexensalben möglich!

Einfache Flugsalben wurden meist in der Weise hergestellt, daß man beim Sieden der Pappelsalbe die Blüten oder Krautteile gleich mitsott. Getrockneter Fliegenpilz dürfte eher der erkaltenden Salbe untergerührt worden sein. Auch wenn es keine gesicherten Quellen gibt, aus denen man Informationen über das Ritual der Zubereitung der Hexensalben beziehen könnte, ist die Zubereitung im Rahmen eines bestimmten Rituals sehr wahrscheinlich. Jede schamanische Handlung ist an ein Ritual gebunden. Ein so bedeutsamer Akt wie die Zubereitung der Flug- oder Buhlsalbe kann dabei keinesfalls eine Ausnahme bilden.

Die Buhlsalbe verstärkt das auch in der Flugsalbe vorhandene erotische Element um ein vielfaches. Sie bewirkt den Astralflug nur als Einleitung, als Vorspiel zum ekstatischen Akt mit dem bocksgestaltigen Schöpfergott. Das, was im Zuge der Hexenverfolgung als satanische Orgie entstellt wurde, dürfte wohl nichts anderes sein als der Rest eines archaischen Fruchtbarkeitszaubers und eine ekstatische Vereinigung mit der Schöpferkraft des Universums. Rituale mit vergleichbarem Inhalt findet man bei den Schamanen vieler Völker, teils sogar in ähnlicher Ausprägung und mit ähnlichen Mitteln. Das aus Mittelamerika stammende und heute weltweit beliebte Gewürz Piment ist beispielsweise gemeinsam mit dem

Preßsaft des Peyote, einer Kugelkaktusart, Zutat zu den Zaubersalben der Medizinmänner des Tukano-Stammes in Kolumbien. Mit Hilfe dieser Salbe reist ihr Astralleib in den Raum jenseits der Zeit, wo es zur Vereinigung mit dem Allgeist kommt. Damit ist übrigens ein Faktum angesprochen, das in Bezug auf die europäischen Hexen kaum Beachtung findet. Die Hexe wird nämlich grundsätzlich als weiblich gesehen, und daß im Zuge der Hexenmassaker am Beginn der Neuzeit im europäischen Durchschnitt etwa 80 Prozent der Betroffenen Frauen waren, verstärkt diese Ansicht. Tatsächlich ist im Schamanismus – dem auch die Hexen zuzuzählen sind – der Astralleib nicht an ein bestimmtes Geschlecht des materiellen Körpers gebunden. Eine Hexe kann also durchaus einen männlichen physischen Körper haben und sich trotzdem auf der Astralreise mit dem Bocksgott sexuell vereinigen. Andrerseits ist die physisch weibliche Hexe auch fähig, die Natur, die in Gestalt der Erdmuttergöttin auftritt, zu befruchten. Jeder Mensch trägt sowohl weibliche als auch männliche Anlagen in sich. Auf der Bewußtseinsstufe des Schamanen sind beide Pole ausgeglichen und ergänzen sich, statt sich irgendwelchen sozialen Rollenbildern entsprechend zu beschränken.

Bei den Zutaten für die Buhlsalben spielt die Mandragora, die Alraune, eine vorherrschende Rolle. Sie wird in diesem Zusammenhang immer genannt und dürfte in der Weise verwendet worden sein, daß die zerkleinerte Wurzel bei der Herstellung der Salbenbasis aus Pappelknospen gleich mitgesotten wurde. Gesammelt wurde die Alraune nur in der Zeit zwischen dem ersten Vollmond nach Frühlingsbeginn und der Sommersonnenwende, und zwar nur zu Vollmond. Nach vereinzelten Überlieferungen soll sie danach für ein Jahr in Sand eingegraben und erst anschließend getrocknet und verwendet worden sein.

Neben der Alraune sind als weitere Zutaten die Blätter und Blütenstände des Blauen Eisenhuts, Tollkraut oder Glockenbilsenkraut, Bilsenkrautsamen, Samen des Nachtschattens sowie Lattich, Nieswurz und Kalmus bekannt. Die Zutaten wurden nicht nur nach Maßgabe der Verfügbarkeit, sondern auch unter rituellen Gesichtspunkten ausgewählt. Schließlich waren Zeitpunkt und Häufigkeit von Astralflug und Verkehr mit dem Schöpfergott nicht vom individuellen Wunsch, sondern von den Jahreszeitenfesten bestimmt. Nur in einer „kosmisch dichten Zeit“ wie jenen Tagen, die durch die vier Speichen des Jahresrades bestimmt sind, durfte sich der Mensch dem Göttlichen verbinden. Die Zeitpunkte der magischen Hochzeiten sind von der Natur selbst vorgegeben: Tag-und-Nacht-Gleichen und Sonnenwende, manchmal mit geringfügigen Abweichungen durch Berücksichtigung der Mondphase. In kaum einer der bekannten Kulturen mit schamanischer Tradition weichen die Zeitpunkte für die naturmagischen Jahresriten wesentlich voneinander ab. Sie sind wohl aus dem natürlichen Empfinden für den Pulsschlag der Natur entstanden und Teil eines archaischen Wissens.

Wegen der strengen Bindung an Rituale und vorbestimmte Zeitpunkte kann man die Flug- und Buhlsalben kaum als das bezeichnen, was heute als suchterzeugende Droge gilt. Bei manchen Abwandlungen der Hexensalben, die vor allem im Frankreich des 18. und 19.

Jahrhunderts hoch in Mode waren, ist das nicht mehr so sicher. Diese Liebessalben, die sexualmagischen Zwecken dienten und als Auslöser für teils extreme Orgien wirkten, enthielten neben dem unentbehrlichen Bilsenkraut und den Samen der aus Polynesien stammenden Holzrose auch eine hohe Dosis Opium.

Der Tanz um die Gute Mutter

Die Alraune ist nicht nur als sexualmagische Droge fest in der menschlichen Kulturgeschichte verwurzelt. Es gibt darüber hinaus Hinweise auf vielerlei Kulte, die rund um die Alraune geübt wurden. Sie fanden Eingang in den Volksglauben und teilweise auch in den Volksbrauch. Der Volkskundler Martin Hairz, der in den Jahren 1927 bis 1931 das Brauchtum der Siebenbürger Sachsen – einer deutschen Enklave in Rumänien – erforschte, berichtet in seinem 1937 erschienenen Werk „Volksbrauch und Pflanzenkult in Siebenbürgen" von noch damals üblichen Alraunen-Riten. Die im germanischen Kulturraum vorherrschende Vorstellungen vom Galgenmännlein fehlt dort genauso wie jene, daß in der Alraune eine Seele gefangen sei, welche sich gegen das Ausgraben der Wurzel mit tödlichem Schrei oder Gifthauch wehre. Sie wird vielmehr als pflanzliches Signum der Erdmutter und Liebespatronin gesehen, dem eine machtvolle Magie in allen Belangen von Liebe und Sexualität eigen ist. Das gilt nicht nur für die menschengestaltige Wurzel, sondern für alle Teile der Pflanze.

Hinsichtlich des Ausgrabens der Alraune beschreibt Hairz Rituale, die eine direkte Herleitung des Volksbrauchs aus der archaischen Fruchtbarkeitsmagie belegen. Die Rituale sind von bestimmten Verhaltensweisen und Tabus geprägt: Nur unberührte Mädchen dürfen sie ausführen, sie müssen vor Sonnenaufgang im geheimen und weitab von möglichen Beobachtern stattfinden, und sie müssen von drei oder sieben Mädchenpaaren vollzogen werden. Zuerst tanzen die Mädchen nackt um die Alraune und imitieren dabei paarweise sexuelle Handlungen. Dann wird die Alraune beschworen, wobei sie als „Gute Mutter" angesprochen wird. Die Mädchen tragen ihre Wünsche vor, meist jene nach Bräutigam und Brautbett, dann wird die Alraune ausgegraben. Sie wird später für das Brauen von Alraunenbier, einem Liebestrank, verwendet. In das Loch, das die Alraune in der Erde hinterläßt, müssen Geschenke gelegt werden, um die Erdmutter nicht zu vergrämen. Meist sind es Salz und Brot, vereinzelt aber auch Eier, die am vorhergegangenen Karsamstag in der Kirche gesegnet worden waren. Man nimmt eben den Segen, wo immer man ihn bekommen kann, und theologische Erwägungen sind nicht unbedingt ein Charakteristikum der Volksfrömmigkeit.

Angeleitet werden die Mädchen beim Alraunen-Tanz von einer erfahrenen alten Frau, die, wenn man über sie spricht, „Runja" genannt wird, aber als „Raunenmutter" angesprochen wird. Sie ist es auch, die die beschworene Alraune aus der Erde zieht, und aus ihrer

Küche kommen die Liebestränke. Es scheint, daß sich im abgeschlossenen Kulturraum dieser deutschen Enklave die Tradition der alten germanischen Alrunas bis in die Zeit vor dem Zweiten Weltkrieg halten konnte. Zumindest war die „Raunenmutter" diejenige, von der die Mädchen des Dorfes aufgeklärt wurden und so mancherlei über die Geheimnisse des Lebens erfuhren. „Raunen" ist schließlich auch jene Sprechweise, in welcher man Geheimnisse weitererzählt.

Nicht immer ist die Alraune ein Mittel zum Segen und zur Liebeslust. Manchmal wurde sie auch im Rahmen magischer Praktiken verwendet, die wir heute nur noch vom karibischen Voodoo-Kult kennen. Wie bei diesem fließen auch bei der Alraunen-Magie christliche und naturmagische Vorstellungen ineinander. Man benötigte zwar als „Figur" die menschengestaltige Alraunenwurzel, die Haare der mißliebigen Person mußten jedoch mit dem Wachs einer Osterkerze auf der Wurzel befestigt werden. Diese Figur wurde meist „Atzmann" genannt und sollte jene Person darstellen, welcher man Leiden zufügen wollte. Meist war das eine Rivalin oder ein Rivale in einer Liebesbeziehung, manchmal aber auch das Objekt des Begehrens selbst. Damit der Atzmann der Person zuwiesen werden konnte, benötigte man Haare der jeweiligen Person, auch Fingernägel taten gute Dienste. Man ging davon aus, daß alles, was dem Abbild Atzmann zugefügt wurde, auch das Urbild, den betreffenden Menschen, traf. Vor allem wurde der Atzmann mit Nadeln gestochen, und der durch den Atzmann Dargestellte sollte die Schmerzen in den gestochenen Körperteilen verspüren. In den Akten der Augsburger Hexenprozesse ist jedoch auch ein gegenteiliger Fall vermerkt. Hier wurde einer Hexe vorgeworfen, Atzmänner hergestellt und an junge Frauen weitergegeben zu haben. Diese sollen mit deren Hilfe Männer ihres Begehrens zum Beischlaf gezwungen haben, indem sie sich den Atzmann in die Vagina einführten und einen Buhlzauber sprachen.

Die vielfältigen praktischen und magischen Verwendungsmöglichkeiten der Alraune erzeugten natürlich eine immense Nachfrage nach dieser Zauberwurzel. Weil sie in der Natur recht selten vorkommt und die Preise entsprechend hoch waren, kamen ab dem späten Mittelalter geschäftstüchtige Halunken auf den Gedanken, mit Alraunen-Fälschungen die Nachfrage zu befriedigen. Vor allem die Zaunrübe wurde dafür benutzt, manchmal auch die eher knollenförmige Wurzel des Großen Knabenkrautes. Das Geschäft der Betrüger lief umso besser, je deutlicher die Menschengestalt der Wurzel ausgeprägt war. Die Zaunrüben wurden deshalb mit dem Schnitzmesser bearbeitet, und Paracelsus, der Vater der neuzeitlichen Naturheilkunde, spöttelte in seinem Buch „Liber de imaginibus" darüber: „Warumb die wurzel Alraun eines Menschen gestalt, angesicht, hent und fieß hette, ist ein betrogene Arbeit und bescheisserey."

Die Weise Frau auf der Hecke

Hagzissa oder Hagezusse heißt sie im Althochdeutschen, die Hexe. Über einige Jahrhunderte hinweg ein regelrechtes Schimpfwort, zeitweise sogar mit tödlicher Auswirkung für die Beschimpften. Durch Jahrtausende aber war die Hagzissa eine hochgeschätzte, weise, scheu verehrte Frau. Sie wußte um das Wesen der Wandlung, um die Geheimnisse des Lebens und der Natur, und sie kannte die Wege zwischen den verschiedenen Ebenen der Natur. Darauf bezieht sich auch ihr Name: Hagzissa heißt „die auf der Hecke sitzt". Die Hecke aber war für die frühen Europäer mehr als nur eine Einfriedung der Siedlung, des Hofes oder des Dorfes, der Viehweiden und der Äcker, der schützende Dornenkranz rund um die kleine Kulturinsel in einer großen Wildnis. Sie war die Trennlinie zwischen „drinnen" und „draußen", zwischen Kultur und Natur, zwischen Vertrautem und Geheimnisvollem, zwischen Beherrschbarem und Bedrohlichem. Die Herrin der Hecke, die mit all diesen Übergängen vertraut war, das war die Hagzissa, die Hexe.

Die frühen Bauern sahen ihre Kultur von vielerlei Unwägbarkeiten der übermächtigen Natur abhängig. Zwar hatten sie durch den Anbau der Feldfrüchte ihre Abhängigkeit vermindert. Sie konnten ernten, was sie zuvor planvoll gesät hatten und mußten nicht suchen und sammeln, was die Natur scheinbar willkürlich wachsen ließ. Aber die Wildnis entließ ihre Geschöpfe nicht. In vielfältiger Hinsicht blieb die Beziehung bestehen, und die Verbindung zur Natur erstreckte sich auch auf die Naturgeister. Außerhalb der Hecke war das Reich der Waldkobolde und der Feen. Man mußte darauf achten, sie nicht neidisch auf die menschliche Leistung zu machen, also jede Form der Überheblichkeit vermeiden. Diese Haltung kommt übrigens auch im Wort „Kultur" zum Ausdruck, das nicht von ungefähr den Kult als Wortstamm trägt. Die Scholle, die der Bauer bepflügte und besäte, das war der Schoß der Erde, der Mutter. Die Fruchtbarkeit der Scholle hing von der Gunst der Erdmutter ab, und Landwirtschaft war ein ständiger Akt der Zwiesprache mit ihr. Die Kultur ist aus dieser Sicht das Ergebnis des Kultes. Die Kultur ihrerseits beeinflußte wiederum den Kult, weil sie das Bild von der Welt langsam veränderte. In einer Gesellschaft der Jäger und Sammler ist der Träger des Kultes der Schamane: Er verkehrt mit den Naturgeistern, kennt ihre Eigenheiten und weiß ein ausgewogenes Verhältnis zwischen ihnen und den Menschen herzustellen. In der Agrargesellschaft wandelt sich die Rolle des Schamanen, er erhält zunehmend Eigenschaften des Priesters. Den richtigen Zeitpunkt für Saat und Ernte bestimmt er nach den Gestirnen. Er wacht über die Einhaltung bestimmter Rituale, deren Zeitpunkte ebenfalls vom Kalender bestimmt sind. Und er vollzieht die Opferungen, die unerläßlich sind, um die Natur mit der Kultur zu versöhnen. Denn jeder Eingriff in die Natur, jede Furche, die auf dem Acker gezogen wurde, verlangt nach einem Ausgleich und einem Austausch. Die erkannte Notwendigkeit des Ausgleichs zeigt aber von einem Schuldgefühl des Menschen gegenüber der kultivierten Erde, und deshalb das Opfer zur Versöhnung. Je mehr Raum die Kultur beanspruchte, umso aufwendiger wurden die Opferhandlungen. Der Religionsphilosoph Mircea Eliade sieht in seinem Werk „Geschichte der religiösen Ideen" den Übergang zwischen Sammler- und Bauernkultur als generelle Umwertung der Werte. Die Dankbarkeit für die Geschenke der Natur wandelt sich zur Entschuldigung, zum Versöhnungsakt für die der Natur entrissenen Güter.

Die Kultur machte es dem Menschen möglich, sein Brot zu essen: Im Schweiße seines Angesichts, doch meist ausreichend und regelmäßig. Aber, wie es so schön heißt, der Mensch lebt nicht vom Brot allein. Und die Natur hielt weiterhin jene Geheimnisse und Gewächse im Schoß, die über das bloße Grundbedürfnis der Nahrung hinausgingen. Nicht zuletzt, weil die unzähligen heilsamen Kräuter in ihrem Reich gediehen, war es gut, eine Vermittlerin zu diesem Reich der Naturgeister zu haben: die Hagzissa.

Die Hecke als Zwischenreich

Es gibt keine Quellen, die eine Aussage über die Aufgabenteilung von Priester und Hexe in einer frühen Ackerbaugesellschaft ermöglichen. Es muß auch gar nicht sein, daß die beiden Aufgaben von verschiedenen Personen wahrgenommen wurden. Die keltischen Druiden beispielsweise brachten bis in die Zeit der Christianisierung beide Ansprüche problemlos unter einen Hut. Denn die Hecke, die eine klare Trennung zwischen „drinnen" und „draußen" darstellte, war nicht undurchdringlich. Nicht im materiellen Sinn und nicht im geistigen. Die Verstorbenen, im geistigen Sinn nach jenseits der Hecke entwichen, vermittelten ihren Nachkommen Energie aus dem Jenseits. Von jenseits der Hecke kam die Kraft, von jenseits der Hecke kam die Fruchtbarkeit für Mensch, Feld und Vieh. Von dort kamen aber auch die Geister, um den Segen der Natur zu überbringen und dafür ihren Tribut zu fordern. Der Tannenzweig zur Zeit der tiefsten Winterruhe, heute ein christliches Symbol, hat seine Wurzeln in diesem licht- und lebenspendenden Vegetationsgeist, der aus der Natur in die Kultur, aus dem Wald in das Haus gesandt ist.

Dem Menschen war an der ständigen Kommunikation mit den „Jenseitigen" gelegen, weil er wußte, daß er ohne Segen und Kraft der Natur zum Scheitern verurteilt war. Die Hecke war das Zwischenreich, über das der Austausch mit der Natur vor sich ging. Viele typische Heckengehölze wie beispielsweise der Haselstrauch oder der Holunder gelten deshalb in Mythologie und Volksglauben als magische Pflanzen, denen besondere Kräfte zugeschrieben werden, und als Sitz von Geistern, Feen oder Dämonen. An der Hecke entwickelte sich aber auch ein Nischenbiotop, in dem Rankengewächse wie Brombeeren und Himbeeren, Wildrosen, Schlehen, Berberize oder Sanddorn und eine Vielzahl von Kräutern wuchsen. Die Hagzissa mußte sich wohl nicht allzuweit von ihrem Reich, der Hecke, entfernen, um ihre Heil- und Zauberkräuter zu finden.

Was Hexe und Priester auf jeden Fall verband, das waren die Jahreszeitenfeste. Zu jenen kosmisch dichten Zeiten rückten Natur und Kultur eng aneinander, der erdverhaftete Mensch wurde vom Hauch des Göttlichen umweht, die Geister der Natur kamen zum gemeinsamen Fest, und die Hecke wurde zur Brücke. Die Zeitpunkte für die Jahreszeitenfeste sind seit Urzeiten und bei allen vergleichbaren Kulturen annähernd identisch. Sie wurden nicht willkürlich gewählt, sie sind von der Natur selbst vorgegeben. Im Volksglauben gelten die „Kreuz-Viertel-Tage" noch heute als Hexenfeiertage. Das sind die Tage, die man als Wendepunkte im Jahr ansehen kann; Tage der Wandlung, und Wandlung ist Zauber – jener Zauber auch, der für die Vertrauten der Natur über diesen vier Tagen liegt. Es sind das der erste Tag des Februars, die Nacht zum 1. Mai, die ersten beiden Tage im August und der 1. November. Um ein Gefühl für die Besonderheiten des magischen Jahres und der Hexenfeiertage zu bekommen, wollen wir einen genaueren Blick auf diese Jahreszeitenfeste werfen.

Die Kreuz-Viertel-Tage

In der Vollmondnacht des Februars tritt die Natur als weiße Göttin, als Lichtbringerin, durch die Hecke in die Welt des Menschen. Auf ihren Besuch bereitete man sich mit Reinigungsriten vor. Sie betrafen Haus und Hof, vor allem aber den Menschen selbst – äußerlich und innerlich. Das neue Leben schickte sich zur ersten Regung an, und man wollte es mit reinem Geist und sauberem Körper begrüßen. Im Mythos ist es die jungfräuliche Erdgöttin, die in Begleitung ihres Bären und ihrer Schar von Feen und Kobolden die Erdhöhle verließ, um die Bäume aus dem Winterschlaf zu rütteln, die schlafenden Samen der Kräuter zu wecken und die Bienen wachzuküssen.

Etwa zu der Zeit, als man in Europa nach römischem Vorbild nach dem Sonnenjahr zu rechnen begann, verschob sich dieser Feiertag allmählich vom – jährlich wechselnden – Februarvollmond auf den ersten Tag oder die ersten beiden Tage des Februar. Im keltischen Kulturraum ist es das Fest der Brigid. Brigid ist eine Erscheinung der dreigestaltigen Muttergöttin. Als ein und dieselbe Person zeigt sie sich im Lauf des Jahres zuerst als Weiße Frau. Sie verkörpert das weiße Licht des Frühlings, die Blüte und das Heranwachsen und tritt als strahlende, verführerische Jungfrau auf. Dann, zur Zeit der Reife und der schwellenden Frucht, ist sie die Rote Frau, die gebende und nährende Erdmutter. Tritt nach der Ernte der Stillstand in der Erstarrung des Frostes ein, wird die Erdmutter schließlich zur bergenden Totengöttin, zur Schwarzen Frau.

Ähnlich wie bei den Kelten findet man auch bei slawischen Stämmen eine dreigestaltige Muttergöttin. Die Weiße, Rote und Schwarze Frau hieß zur Zeit der christlichen Missionierung des slawisch dominierten Ostalpenraumes Vesna (die Göttin des Frühlings und des Wachstums), Siwa (die Göttin der Reife und der Fruchtbarkeit) und Morana (die Göttin des Stillstandes und des Todes). Es besteht kein Zweifel, daß es sich bei den drei Namen der slawischen Erdmutter nicht um drei verschiedene Gottheiten handelt, sondern, genau wie bei den Kelten, die verschiedenen Namen nur die periodisch unterschiedlichen Wesenszüge derselben Göttin zum Ausdruck bringen. Festtag der Vesna war jedenfalls der 1. Februar.

Im bäuerlichen Bereich galt der 2. Februar, der kirchliche Feiertag „Maria Lichtmeß", bis in jüngste Vergangenheit als Tag des Dienstbotenwechsels. Nach diesem Tag wurde mit den Vorbereitungen für die Feldarbeit des Frühlings begonnen. Aber nicht nur als Tag der Dienstbotenaufnahme hat der Lichtmeßtag Tradition, als Tag der Initiation hatte er schon in vorchristlicher Zeit Bedeutung. So wurden im alten Griechenland die Mysten – die „Jünger" – der niederen Eleusinischen Mysterien am ersten Februartag in den Kreis der Schüler aufgenommen. Und bei den „neuen Hexen", vor allem beim Wicca-Kreis, ist der Lichtmeßtag der Initiationstag für jene, die sich ein Jahr und einen Tag auf den Eintritt in den Kreis vorbereitet haben.

Der nächste große Feiertag, der zweite Kreuz-Viertel-Tag, ist der 1. Mai. Gefeiert wurde er jedoch zumeist in der Nacht davor. Es ist die „Walpurgis-Nacht", in welcher dem Volksglauben nach die Hexen auf ihren Besen durch die Lüfte reiten, um sich beim Hexensabbat mit dem Bocksgott zu paaren. Tatsächlich ist diese Nacht seit Urzeiten der Schöpferkraft der Natur in der Sexualität geweiht. Der Sonnengott kam vom Himmel, um mit der blühenden Erde Hochzeit zu feiern. Schon die jungsteinzeitlichen Bauern schmückten ihren Maibaum, das Symbol der hoch aufragenden Zeugungskraft. Er hat die Jahrtausende überdauert und ist noch im heutigen Volksbrauch lebendig. Und wer zu dieser Zeit mit offenen Augen durch die Natur geht, sieht alle Wesen im Liebesrausch: Frösche und Kröten genauso wie die Schmetterlinge. In der Nacht der Walpurga – oder Demeter bzw. Gaia bei den Griechen, Ischtar bei den Babyloniern – wurde dieser Liebesrausch und die Lebenskraft, die er spendet, gefeiert.

Anfang August wird das Korn reif. Der Segen für die Ernte ist Gegenstand des dritten Kreuz-Viertel-Tages. Der Begleiter der Erdmutter, der Sonnengott, ist nicht mehr der mild strahlende Liebhaber des Frühlings. Er ist heiß, brennend, ausdörrend, und in der Reife des Korns liegt schon der Ruf nach dem Schnitter. Bei den Inselkelten hieß der Feiertag des Brotes „Hlaf-Mass", woraus sich „Lammas" für das keltische Erntedankfest zwischen 1. und 3. August genauso wie für den Hexenfesttag am 1. August ableitet. Es ist der Tag, der im Lebensrad, dem Kreis aus den vier Kreuz-Vierteln, dem Lichtmeßtag gegenübersteht. So zeigt sich im Lebensrad, das zugleich den Jahreslauf abbildet, die Vollendung dessen, was mit dem Licht an der Schwelle des Frühlings geboren wurde.

Der letzte Kreuz-Viertel-Tag des Jahreslaufs ist schließlich der 1. November, der Festtag der Toten und der jenseitigen Welt. Die im heutigen Brauchtum fest verwurzelten Gebildbrote – vom Allerheiligenstriezel im Alpenraum bis zu den Banshee-Kuchen in Irland – wurzeln im gemeinsamen rituellen Mahl mit den verstorbenen Ahnen. Sie wurzeln in einem Opferbrauch, einem Akt des Teilens, der sich jedoch nicht auf die bloße Gabe beschränkte. Ursprünglich war die persönliche Zuwendung Teil des Opferrituals, und es hatte nichts von jenem schmerzlichen Verzicht an sich, der die heutige Bedeutung des Wortes Opfer prägt. Im keltischen Kulturraum behielt das Totengedenkfest am längsten diesen Charakter. Es war das Fest der Ban-Sidhe (davon die heutige „Banshee"), also der Frau von der anderen Seite. Sie besuchte ihre Familie, man bot ihr Milch und Kuchen an, es wurde getanzt und gesungen. Um Mitternacht schwieg man jedoch, denn da gingen die Toten wieder zur Ruhe.

Vielleicht taucht jetzt die Frage auf, was die alten Jahreszeitenfeste mit den Zauberkräutern zu tun hätten. Die Antwort soll ein Beispiel liefern.

Im 16. Jahrhundert brach unter Soldaten die aus dem kurz zuvor entdeckten Amerika eingeschleppte Syphilis aus. Sie nahm epidemische Ausmaße an, und die europäischen Mediziner hatten dem nichts außer hochgiftige Quecksilbersalben entgegenzusetzen. Die indianischen Medizinmänner dagegen behandelten die fallweise auftretende Syphilis erfolgreich mit Guaiakumholz und Sassafraswurzeln. Das blieb den Militärärzten in den Kolonien nicht verborgen, und sie lieferten große Mengen dieser Heilmittel an die überfüllten Lazarette in der Heimat. In Europa allerdings blieben sie wirkungslos. Der Grund war schlicht und einfach der fehlende Kontext des schamanischen Rituals: Schwitzen und Fasten im Holzrauch der Medizinhütte – das galt als heidnischer Zauber, unwürdig einem Christenmenschen. Heute allerdings weiß man, daß das Phenolderivat Guajacol, das beim Verbrennen des Guaiakumholzes frei wird, bei einer Körpertemperatur von 42 Grad die Syphilisspirocheten im Organismus abtötet. Das Schwitzen, der „heidnische Zauber", hatte also nicht bloß eine praktische Bedeutung, sondern sogar den entscheidenden Einfluß auf die Wirksamkeit des Heilmittels.

Nicht so kraß wie bei diesem Beispiel mag sich der kultisch-kulturelle Kontext bei den uns vertrauten Kräutern auswirken. Die Heilkraft eines Krautes wird es kaum mindern, wenn man nichts über seine spirituelle Bedeutung weiß. Aber Zauberkraut wird es erst, wenn wir auch wissen, worauf sich sein Zauber begründet.

Beifuss, Quendel, Gundelrebe:

Mittsommerrausch und Johanniskräuter

Zwei Zeitpunkte sind es, zu denen die Kräuterkundigen von alters her alle Hände voll zu tun hatten: Die Tage um den Mittsommer-Vollmond und jene um den Vollmond im August. Natürlich gab es auch schon vor der Sommersonnenwende Kräuter zu sammeln. Das waren jene, die vor allem der Reinigung dienten – Kräuter für Entschlackungstees und Frühlingssalate, wie man heute sagt. Dazu gehören die Brennessel, die jungen Löwenzahnblätter und die *Gundelrebe.* Letztere galt bei den Germanen auch als machtvolles Zauberkraut. Ihren volkstümlichen Namen „Donnerrebe" verdankt sie dem Umstand, daß sie als Kraut des Donnergottes Thor oder Donar galt. Sie bildet über einen Meter lange Triebe, die am Boden dahinkriechen. Als schmackhaftes Wildgemüse hat die Gundelrebe Tradition als Zutat zur Gründonnerstagssuppe. Fein geschnitten verleiht sie jedem Frühlingssalat eine zartbittere Würze. Ihre Zauberkraft geht aber weit über den guten Geschmack hinaus. Dieses typische germanische Heckengewächs wurde zu Kränzen gewunden, mit denen man die Haustür schmückte. Wer durch diesen Kranz aus Gundelreben nach draußen blickte, konnte eine Hexe erkennen. Der Kranz schützte zudem vor Blitzschlag, weil er das Haus unter den Schutz des Donnergottes stellte. Wer einzelne Gundelrebenblätter unter das Futter der Kuh mischte, konnte dadurch die Milch vor Behexung schützen. Und im Schweizer Aargau nähten die Frauen noch in jüngster Vergangenheit Gundelreben als Fruchtbarkeitszauber in die Säume ihrer Röcke. Die Beziehung der Gundelrebe zu Milch und Fruchtbarkeit ist auch pharmazeutisch begründet: Sie regt den Milchfluß an.

Den Höhepunkt ihrer Kraft erreicht ein Teil der Kräuter zur Zeit der Sommersonnenwende. Man nennt diese Kräuter generell Johanniskräuter, obwohl das üblicherweise unter „Johanniskraut" bekannte strauchartige Hartheugewächs Hypericum perforatum mit seinen strahlenförmigen gelben Blütenständen nur eines davon ist. Die Bezeichnung Johanniskräuter bezieht sich auf deren Erntezeit rund um den Johannistag, der früher auf den Tag der Sommersonnenwende fiel, im heutigen Heiligenkalender aber am 24. Juni aufscheint.

Die Zeit der Sommersonnenwende wird seit jeher als „kosmisch dichte Zeit" empfunden. Wieder nähert sich das Numinose dem Menschen, die Natur gibt sich lichtumflutet am Übergang von der Blütenpracht des Frühlings zur prallen Schwangerschaft mit der Reife des Sommers. Je nördlicher der Siedlungsraum, umso kürzer und heller sind die Nächte und umso ekstatischer feiern die Menschen die kaum mehr untergehende Sonne. Der Mittsommerrausch ist, kulturhistorisch gesehen, ein Rausch des Nordens. Die weitaus überwiegende Mehrheit der Mittsommer-Mythen stammt aus dem germanischen Kulturraum.

Bei den sonnenverwöhnten Mittelmeeranrainern dagegen sind kaum welche zu finden.

Für uns heutige, nur mehr von der Natur und ihrem Jahreslauf gestreiften Menschen ist es nicht so leicht vorstellbar, wie sich unsere Vorfahren so sehr von der Lohe des Mittsommers mitreißen lassen konnten. Die Bräuche rund um das Sonnwendfeuer wurden zwar überall bewahrt, aber sie sind doch nur mehr ein Abglanz der früheren.

Das Sonnwendfeuer als Lohe der Reinigung und der Weihe wurde meist nicht nur von Holz gespeist. Es wurden ihm Büschel von getrockneten Kräutern beigegeben. Sie erzeugten einen besonderen Duft und gaben dem Reigen um das Sonnwendfeuer den Charakter einer universellen Räucherung.

Der Beifuß, eine Wildform der Artemisia, ist eines dieser Räucherkräuter. Im germanischen Raum war er eines der bedeutendsten Zauberkräuter und die wichtigste Räucherpflanze. Er war der Erdmutter selbst zugeordnet, egal ob sie nun Frau Holle, Freya, Artemis oder Dea-Anna genannt wurde. Wer mit Beifuß räucherte, trat in direkten Kontakt mit ihr. Entsprechend wurde sie beim Sonnwendfeuer gefeiert, wenn ganze Büschel ihres heiligen Krautes die Flur räucherten und den Flammen eine mystische violette Farbe verliehen. Auch die Feiernden selbst trugen Beifuß am Körper, waren mit Gewinden aus Kräutern umgürtet und trugen sie in den Haaren. Oft gemischt mit Gundelrebe oder Eisenkraut, und dann war das göttliche Paar – Erdmutter und Donnergott – in inniger Vereinigung anwesend.

BEIFUSS

Räucherkraut

Die lichten Nächte des Mittsommers waren für unsere Vorfahren mit vielerlei Geistwesen erfüllt. Feen und Elfen tanzten auf Waldlichtungen, zeigten sich den Sterblichen, wollten sich mit ihnen gemeinsam vergnügen oder sie gar in ihr Reich entführen. Waldkobolde und Heinzelmännchen suchten sich menschliche Kumpanen und zeigten ihnen verborgene Schätze. Das Farnkraut blühte um Mitternacht und trug für die Dauer eines Herzschlages Samen. Wer sie sah und im genau richtigen Augenblick pflückte, gewann Reichtum und die Fähigkeit, sich unsichtbar zu machen. Frau Holle, die Feenkönigin aus dem Holunderbusch, tanzte mit ihrem Feenvolk den Reigen und dankte dem Burschen, der dazu die Flöte zu spielen wußte, mit einer heißen Liebesnacht. Feurige Salamander kamen aus der Erde und trugen auf ihren Zungen den Schlüssel zum Geheimnis der Welt. Man mußte nur zugreifen.

An all diesen Geschehnissen mag das Bilsenkrautbier oder der mit Bilsenkrautsamen gewürzte Met nicht ganz unbeteiligt gewesen sein. Beides wurde bei den Mittsommerfesten in Mengen genossen. Die Existenz der Mittsommernachtswesen war aber auf der Vorstellung von einer beseelten Natur begründet, und die Naturseelen traten zu bestimmten Zeiten als Wesenheiten auf. Ihr Treiben als bloße Folge des Bilsenbiergenußes abzutun, hieße, ein wichtiges Element der Magie zu ignorieren: die Vision. Visionen kann man als Innenansicht der Natur begreifen. Oder als Elemente aus den tiefsten Schichten des Unterbewußtseins, der archaischen Bewußtseinsebene. Unter verschiedensten Einflüssen unterschiedlich kombiniert, aber offensichtlich immer als Bilder, die vom Visionär seinem Weltbild entsprechend interpretiert werden können.

Der Zauber der Mittsommertage und -nächte erstreckte sich auch auf die Kräuter. Die Vollmondnacht, die der Sommersonnenwende am nächsten lag, war die kurze Trennung zwischen zwei der wichtigsten Tage für das Kräutersammeln. Daß die Hexen ihre Kräuter überhaupt in der Vollmondnacht gesammelt hätten, ist wohl eher als Legende aufzufassen. Gerade die Kräuterkundigen wußten seit jeher, daß der Wirkstoffgehalt der meisten Johanniskräuter in der Nacht geringer ist als am Tag, nach einigen Stunden Sonnenlicht.

Ähnlich wie den Frauenbuschen aus den Kräutern des Frauendreißigers band man auch aus den Johanniskräutern einen Weihestrauß. Während jedoch beim Frauenbuschen hinsichtlich der Kräuteranzahl – mit regionalen Abweichungen – die Zahl sieben dominiert, trifft man beim Johanniskräuterstrauß vorwiegend auf die Zahl neun. In den meisten Überlieferungen ist davon die Rede, daß „neun Kräuter zu Johanni" zu einem Buschen gebunden werden. Diese neun Kräuter sind meist Quendel, Bärlapp, Beifuß, Arnika, Eisenkraut, Schafgarbe, Ringelblume, Heilziest und natürlich das Johanniskraut. Es sind zugleich die wichtigsten Kräuter der Hexenmedizin.

Der *Quendel* ist als wildwachsender Thymian ein beliebtes Gewürzkraut, birgt aber auch einiges an Heilkraft. Quendeltee wirkt entzündungshemmend und schleimlösend, fördert die Verdauung und gilt als wikrungsvolles Mittel gegen Erkältung.

Der *Bärlapp* ist als Räucherkraut im Sonnwendfeuer vertreten. Seinen gelben Blütenstaub nennt der Volksmund Blitzpulver oder Drudenmehl. Er explodiert mit einem Knall, wenn das Kraut ins Feuer geworfen wird. In der Volksmedizin ist der Bärlapp das Mittel gegen Rheuma und Gicht. Seine blutreinigende Wirkung unterstützt auch die Heilung von Krankheiten der Harnwege.

Der *Beifuß* gilt nicht nur als Zauberkraut der Muttergöttin, er ist auch ein bedeutendes Frauenheilkraut. Je nach Stärke des Absuds oder Aufgußes regt er die ausbleibende Mensis an, erleichtert die Geburt oder beschleunigt den Abgang der Nachgeburt. In der Hexenmedizin war der Beifußabsud auch jenes Mittel, das einen toten Fötus zum Abgang brachte.

Arnika ist nicht nur wegen der schönen gelben Blüte bekannt. Der alkoholische Auszug, der Arnika-Schnaps, ist auch heute noch eines der wirkungsvollsten Hausmittel bei Quetschungen, Verstauchungen und Verrenkungen. Als starker Absud von Blüte und Kraut wirkt Arnika antiseptisch und entzündungshemmend. Umschläge mit Arnikaabsud sind das traditionelle Hausmittel bei Gelenksentzündungen und ähnlichen Leiden wie Schleimbeutel- oder Lymphknotenentzündungen. Als schwach dosierter Aufguß wirkt der Arnikatee durchblutungsfördernd. Die innerliche Anwendung von Arnika verlangt wegen der Giftigkeit jedoch Vorsicht. Immerhin war ein starker Arnikatee eines der Abtreibungsmittel der Hexenmedizin.

Arnika war ein wichtiges Kraut für den Wetterzauber. Bei Gewitter wurde oftmals getrocknete Arnika in das Herdfeuer geworfen, um das Unwetter zu vertreiben: „Steck Arnika an, damit sich das Wetter scheiden kann", wie es hieß. Auch wurde Arnika zur Zeit der Sommersonnenwende an die Feldraine gesteckt, um das reifende Getreide vor dem Korndämon zu schützen.

Das *Eisenkraut* ist ein Zauberkraut mit uralter Tradition. Es wurde schon mehrfach erwähnt – als Kraut der Isis oder nach einer jüngeren, auf germanischem Mythos beruhenden Zuordnung als Kraut des hammerschwingenden Schmiede- und Donnergottes Donar. Eisenkraut ist, unabhängig von seiner mythologischen Zuordnung, ein bewährtes Kräftigungsmittel. Als Tee aufgegossen unterstützt es die Rekonvaleszenz, in Wein eingelegt die Liebeslust.

QUENDEL

Die *Schafgarbe* findet man sowohl im Johanniskräuterstrauß als auch im Frauenbuschen. Sie blüht von Mitte Juni bis Ende August. Ihre Heilkraft steckt im ganzen Kraut, besonders in den gefiederten Blättern. Sie gilt seit dem Altertum als Gegenmittel vieler Gifte. Schon Achilles – von dem sie auch ihren lateinischen Namen Achillea hat – wurde von Aphrodite mit Hilfe der Schafgarbe gerettet, als ihn der Giftpfeil des Paris an seiner einzigen verwundbaren Stelle, der Ferse, traf. Das zeugt zumindest von der Kräuterkenntnis des antiken Verfassers der griechischen Göttersagen. Denn die Schafgarbe enthält Gerbstoffe, die das von Wundbakterien ausgeschiedene Eiweiß ausflocken und damit deren Toxine neutralisieren. Trinkt man Schafgarbentee über zwei Wochen hinweg kurmäßig, schwemmt er Schlacken und Toxine aus dem Körper aus. Er regelt den Gallenfluß, regt die Nierentätigkeit an und wirkt gegen Entzündungsherde im ganzen Körper.

Die vielen volkstümlichen Namen für die Schafgarbe – wie etwa Margaretenkraut oder Venusblume – weisen auf ihre hohe Bedeutung in der Frauenheilkunde hin. „Schafgarbe am Leib tut wohl jedem Weib" ist einer der Merksprüche der Volksmedizin. Dem entspre-

Schafgarbe

chend werden Sitzbäder oder Scheidenklistiere mit Schafgarbenabsud bei einer Vielzahl von Frauenleiden empfohlen – bei starker und schmerzhafter Regelblutung, bei Unterleibskrämpfen, bei Weißfluß oder bei Eierstockentzündung.

Eine so heilkräftige Pflanze wie die Schafgarbe hatte natürlich auch Bedeutung in magischen Ritualen. In China werden die I-Ging-Stäbe seit mehr als 3000 Jahren aus Schafgarbenstengeln gefertigt. Der Weissagende hält und wirft sie nach einem genau festgelegten Ritual. Wie sie zu liegen kommen, bestimmen die Kräfte des Feng-Shui, die sich über die besonderen Eigenschaften der Schafgarbenstengel abbilden lassen. Rudolf Steiner, der Vater der biologisch-dynamischen Landwirtschaft und Begründer der Antroposophie, entdeckte die kräftigenden Eigenschaften der Schafgarbe bei seinem Bestreben, Gesundheit und Wachstum von Kulturpflanzen durch Kräuterpräparate zu fördern. Die Schafgarbe, so Rudolf Steiner, strahle durch ihre bloße Anwesenheit heilende Kraft aus. Mengt man sie unter den Kompost, mit dem man die Kulturpflanzen düngt, können diese die kosmischen Kräfte besser aufnehmen und nutzen. Die Schafgarbe enthält einen hohen Schwefelanteil, und der Schwefel – das Sulfur der Alchimisten – ist jenes Element, das „das Geistige in das Physische hineinträgt". Aus diesem Grund empfahl Rudolf Steiner die Schafgarbe auch dem Menschen. Der tägliche Genuß einer Tasse Schafgarbentee helfe dem Astralleib, sich harmonisch mit dem physischen Leib zu verbinden. Und die Harmonie dieser Verbindung ist schließlich die Basis der Gesundheit.

Übrigens: Bevor die Benediktiner den Hopfen in die Länder nördlich der Alpen brachten, verwendete man für das Alltagsbier die Schafgarbe als Würze und zur Konservierung. Nur das Feiertagsbier bekam seine Würze vom psychoaktiven Bilsenkraut oder dessen Samen.

Die *Ringelblume* war seit jeher als Zauberblume der Göttin Freya geweiht und wurde für mancherlei Liebeszauber gebraucht. Als Heilpflanze wird sie ähnlich wie die Kamille verwendet, als wirkungsvolles Mittel zur Wundheilung, gegen Eiterungen und Geschwüre.

Der *Heilziest* ist eine heute fast in Vergessenheit geratene Heilpflanze, die jedoch einst als wahres Allheilmittel galt. So wurden Kinder, die als „verhext" galten, in einem Absud von Heilziest gebadet, um den Hexenfluch zu brechen. Handfestere Anwendung fand der Heilziest als Tee gegen Lungenbeschwerden, Fieber, Gelbsucht, Milz- und Galleleiden und Gicht.

Das neunte Kraut im Johanniskräuterstrauß, das *Johanniskraut*, läßt sich nicht in einem einzigen Absatz beschreiben. Es verlangt nach einem eigenen Kapitel.

Johanniskraut, die Sonne für die Seele

Der kleinwüchsige, zähe Strauch, den wir gemeinhin als Johanniskraut bezeichnen, ist durch und durch von der Sonne geprägt. Aus den Kelchen seiner sattgelben Blüten sprießen unzählige Staubfäden, die wie Bündel von Sonnenstrahlen wirken. Das Johanniskraut ist eine Pflanze, die von Licht umflutet scheint und Licht ausstrahlt. Und dieser Anschein ist gar nicht falsch, denn von alters her gilt das Johanniskraut als jene Pflanze, die Licht in die Seele bringt und Düsternis daraus vertreibt.

Paracelsus erwähnt das Johanniskraut erstmals in seiner Funktion als Psychopharmakon, das „zur Heilung der fürchterlichen melancholischen Gedanken" diene. Überhaupt nimmt das Johanniskraut einen bevorzugten Platz in der Kräuterheilkunde des Paracelsus ein. Seine Erkenntnisse sind noch heute die Basis, von welcher die pharmazeutische Erforschung des Johanniskrauts ausgeht.

Paracelsus erscheint in mancher Hinsicht zwiespältig. Er wurde 1493 als Theophrastus Bombastus von Hohenheim im Schweizer Ort Einsiedeln geboren. Sein Vater war Arzt. Paracelsus folgte seinen Fußstapfen, aber doch nicht so ganz. Denn einerseits sah er die Heilkunst ganzheitlich, eher in der Sichtweise der Volksheilkundlerinnen, der Hexen, als in jener der damaligen Medizin. Andrerseits entsprachen seine Ansichten einem akademischen Niveau, das über das damals übliche weit hinausging. Seine Arbeit hinterließ uns nicht nur die berühmten Werke über die Pflanzenheilkunde, sondern auch zahlreiche okkulte Schriften. Man kann Paracelsus durchaus als Magier sehen, in dem klassischen Sinn, daß er nach der universellen Erkenntnis des Seins und des Wandels

Johanniskraut

strebte. Seine Therapieansätze waren nicht nur revolutionär, sie waren auch visionär. Er kannte die Schriften des Alchimisten Hermes Trismegistos und dessen Satz „wie das Obere so das Untere“ und entwickelte daraus seine Signaturlehre. Sie weist aufgrund bestimmter äußerer Eigenschaften einer Pflanze und deren Bezeichnung – der Signatur – auf ihre Wirkung hin.

Bezüglich des Johanniskrauts (botanische Bezeichnung Hypericum perforatum), das Paracelsus „Perforata“ nennt, schreibt er: „Gott hat in der Perforata einen besonderen Willen und ein besonderes Arcanum (Heilkraft, Anm.) für den Menschen geschaffen. Es ist eine Herrschaft in diesem Kraut über andere. Herrschaft aber ist das, was wie ein Zentrum alles in seinen Kreis zieht, mit der Absicht des Besten.“ Als Zentrum beschreibt Paracelsus die Signatur der Perforata, eben die Perforierung der Blätter: „Die Löcher bedeuten, daß dieses Kraut für alle inneren und äußeren Öffnungen der Haut eine Hilfe ist. Was durch die Poren ausgetrieben werden soll, kann dadurch geschehen.“

Johanniskrautblüten haben eine besondere Eigenheit: Zerdrückt oder zerreibt man die goldgelben Blüten oder Blütenknospen, tritt ein Saft von sattroter Farbe aus. Er ist auch dafür verantwortlich, daß das Johanniskrautöl, der Ölauszug der gelben Blüten, schon nach wenigen Stunden seine rote Farbe bekommt. Das Johanniskrautöl ist übrigens ein bewährtes Hausmittel gegen Brandwunden und Sonnenbrand. Man füllt die Blüten locker in ein Glas, übergießt sie mit kaltgepreßtem Olivenöl und stellt das gut verschlossene Glas für zwei Wochen an einen sonnigen Ort. Dann seiht man das tiefrote Öl ab und lagert es kühl und dunkel bis zur Anwendung. Paracelsus sieht in der roten Farbe die diesbezügliche Signatur: „Die Blüten faulen in der Farbe des Blutes. Das ist ein Zeichen, daß sie für Wunden und alle Beschwerden, die von Wunden kommen, gut sind.“

Die Adern der Blätter des Johanniskrauts sind für Paracelsus die Signatur für die psychische Wirksamkeit: „Sie sind das Zeichen dafür, daß die Perforata alle schlechten Phantasiegebilde austreibt. Diese Phantasmata sind Krankheiten, welche die Leute dazu bringen, sich selbst zu töten. ... Es sind Krankheiten ohne Körper und Substanz. Nur wenige Kräuter sind dafür gewachsen.“ Und schließlich fügt er noch an: „Nur in der Perforata ist die Stärke und Kraft gegen die Melancholie.“

Diese antidepressive Wirkung des Johanniskrauttees ist heute wissenschaftlich erwiesen. Sie kommt durch das Zusammenspiel vieler verschiedener Wirkstoffe zustande, die die Melatonin-Sekretion des Körpers beeinflussen. Melatonin ist ein Hormon, das bei zuwenig Lichteinfluß von der Zirbeldrüse gebildet wird. Es steuert in Abhängigkeit vom Sonnenlicht den Wach-Schlaf-Rhythmus. Besteht ein kontinuierlicher Lichtmangel, wie etwa im Spätherbst und Winter, erfolgt eine dauernde Ausschüttung von Melatonin. Die Folge ist, daß man sich permanent müde fühlt, lustlos und sogar depressiv wird. Diese Erscheinung ist als „Winterdepression“ sehr weit verbreitet.

Als Gegenhormon zum Melatonin gilt das Dopamin. Das Hypericin, das in den Johanniskrautblüten vorkommt, hat Einfluß auf dieses „Wachheitshormon“. Normalerweise wird dessen Produktion durch das Sonnenlicht geregelt. Ist zuwenig davon vorhanden, springt das „konservierte Sonnenlicht“ in Form des Hypericins aus dem Johanniskraut ein. Es ist also keinesfalls übertrieben, wenn man sagt: Im Johanniskraut ist die Sommersonne für den Winter gespeichert! Es ist ein Lichtträger, und daß Licht bei der Behandlung von Depressionen eine wesentliche Rolle spielt, ist heute allgemein bekannt.

Johanniskraut bringt nicht nur Licht ins Dunkel der Seele. Es ist zwar kein Allheilmittel, aber die Volksmedizin kennt eine Vielzahl von Leiden, bei denen Johanniskraut lindernd und heilend wirkt. Seine entzündungshemmenden Eigenschaften machen es zum Heiltee bei Gastritis und Magengeschwüren. Es ist unverzichtbarer Teil von Teemischungen gegen Kreislaufschwächen und Herzbeschwerden. Ein starker Absud des Krautes wird für Umschläge verwendet, die neuralgische Schmerzen und Hexenschuß erträglich machen. Und wer Johanniskrauttee als Gesichtswasser anwendet, wird schon bald eine auffällige Verbesserung des Hautbildes feststellen. Unter diesem Gesichtspunkt darf man es für sehr unwahrscheinlich halten, daß die Volksheilerinnen, die Hexen, tatsächlich immer so häßliche alte Vetteln wie im Märchen von Hänsel und Gretel waren. Eine schöne glatte Haut dürften sie wohl durchwegs gehabt haben – schließlich hatten sie Johanniskraut und wußten es zu verwenden!

Ein segensreiches Wirkungsfeld für das Johanniskraut, von dem die Hexen noch nichts ahnen konnten, entdeckten amerikanische Forscher in jüngster Zeit im Rahmen der Aids-Therapie. Der Johanniskrauttee lindert nicht nur die häufigen Depressionen, er bekämpft auch die Gefahr, die von den Candida-Pilzen ausgeht. Ein Großteil der Aids-Patienten stirbt nicht an dem Virus, sondern an der Unfähigkeit des geschwächten Immunsystems, mit anderen Viren und mit Pilzsporen fertig zu werden. Die Candida-Pilze breiten sich in Darm, Lunge und zuletzt im Blut aus. Sie vertragen aber kein Sonnenlicht. Das Johanniskraut, in Maßen mit Sonnenlicht angereichert, wirkt ähnlich wie dieses und gilt deshalb bereits als wirkungsvolles Mittel gegen die Verpilzung.

Herbstzeitlose:

Die Blume des weichenden Jahres

Ein ganz anderes Gewächs als das sonnige Johanniskraut prägt die Zeit vor dem vierten Kreuz-Viertel-Tag des Jahres, dem 1. November, dem letzten „Hexenfeiertag“ vor der Wintersonnenwende. Samain, Halloween, Allerheiligen – quer durch die Zeiten und Kulturen ist das der Termin für das Totengedenkfest, für die Kommunikation mit den Ahnen und mit den Wesen der Welt jenseits der Hecke. Die Blume dieser Zeit ist ein mächtiges Zauberkraut und eine wichtige Heilpflanze der Hexenmedizin: die *Herbstzeitlose.*

Sie ist in mancher Hinsicht eine Ausnahmeerscheinung unter den Wiesenkräutern. Sobald die Nächte länger werden als die Tage, taucht auf den Wiesen ihre Blüte auf: Zartviolett, ohne Blätter, fast wie ein Krokus, der den Frühling mit dem Herbst verwechselt hat. An einer Bestäubung durch die nur mehr spärlich schwärmenden Insekten ist die Herbstzeitlose nicht interessiert. Sie krümmt ihre Staubfäden wie spinnenartige Finger und bestäubt sich selbst. Viele Wochen haben die Pollen dann Zeit, zu den Fruchtknoten hinunter zu wachsen, die sich in der Zwiebel, unter der Erde, heranbilden. Die Befruchtung des Fruchtknotens durch den Pollen erfolgt dann zu einem Zeitpunkt, zu dem andere Pflanzen in tiefster Winterruhe verharren: zur Wintersonnenwende, in der dunkelsten Zeit des Jahres! In den längsten Nächten des Jahres, wenn alles Leben in der Natur erstarrt ist, vollzieht dieses Gewächs seinen Liebesakt! Im Frühling dann, wenn die anderen Kräuter voller Lebenslust zu blühen beginnen, treibt die Herbstzeitlose drei Blätter und eine Samenkapsel voller kleiner schwarzer Samen aus der Erde. Schon im Mai sind die Blätter verwelkt und auf der von Leben summenden Frühlingswiese ist nichts mehr von der Herbstzeitlose zu sehen.

Kein Wunder, daß diese Pflanze von machtvollem Zauber und einem reichen Mythos umgeben ist. Dazu trägt auch der Umstand bei, daß alle ihre Teile höchst giftig sind. Zwiebel, Blätter und Blüten enthalten rund zwanzig verschiedene Alkaloide, in den Samenkörnern in höchster Konzentration. Schon fünf Samenkörner sind die für den Menschen tödliche Dosis. Das Gift wirkt langsam und deshalb besonders heimtückisch. Erst nach etwa einem Tag beginnt die Vergiftung mit Brennen in Hals und Speiseröhre, dann folgen Erbrechen, Durchfall und heftige Krämpfe. Sie können mehrere Stunden andauern, bis durch Kreislaufversagen und Atemlähmung der Tod eintritt.

Die Griechen nannten die Herbstzeitlose „Feuer der Medea", bei Dioskurides scheint sie als Euphemeron, das Kraut, das „an einem Tag tötet", auf. Der Hekate-Schülerin Medea ist es dem Mythos nach auch zu verdanken, daß sich die Herbstzeitlose auf der Erde ausbreiten konnte. Medea wanderte neun Tage durch das Land, um Kräuter für die Verjüngung des Vaters ihres Geliebten Jason zu suchen. Sie zerstückelte den Greis, kochte die Teile in der Kräuterbrühe und setze sie sodann wieder zusammen. Dabei tropfte etwas von der Kräuterbrühe auf die Erde. Aus diesen Tropfen sprossen die ersten Herbstzeitlosen. Übrigens ist unschwer zu erkennen, daß es in dieser legendenhaften Beschreibung um ein Ritual zur Einweihung eines Schamanen geht: Die Auflösung des alten Selbst und die Neuerweckung – das ist der Inhalt aller schamanischen Initiationsrituale. Jedenfalls wuchs die Herbstzeitlose fortan im mythischen Garten der Zauberin Medea in Colchis. Ihr lateinischer Name „Colchicum autumnale" bezieht sich darauf.

Bei den Bauern ist die Herbstzeitlose äußerst unbeliebt. Es kommt immer wieder vor, daß sich Weidetiere durch die Samen schwere Vergiftungen zuziehen. Doch birgt die Herbstzeitlose nicht nur Schrecken, sondern auch eine Fülle von Segen. In der Volksmedizin gilt die Herbstzeitlose als Mittel gegen die Beschwernisse der Winterarbeit. Vor der technischen

Revolution in der Landwirtschaft und dem Übergang zur marktorientierten Produktion war der Bauernhof eine Selbstversorgungseinheit mit Überschußverkauf. Die Selbstversorgung bezog sich nicht nur auf die Nahrungsmittel, sondern auch auf einen Großteil der Textilen. Winterarbeit war deshalb das Spinnen und Weben. Gegen die feinen Hautrisse, die beim Führen des Spinngarns an den Händen entstanden, half das „Spinnblumenfett“: Die Blüten der Herbstzeitlose wurden in Ziegenschmalz zu einer dicken Salbe gesotten. Diese heilte nicht nur die Hautrisse, sondern milderte auch das Steifwerden der Finger. Die schlechte Beleuchtung der Spinnstube durch den Kienspan führte zu einer raschen Ermüdung der Augen, und auch dagegen half das „Spinnblumenfett“: Man strich es dünn über die Augenlider.

Als wirkungsvolles Mittel gegen die Gicht hat die Herbstzeitlose eine lange Tradition. Nicht nur in der Hexenmedizin, schon beim römischen Arzt Galenus hat sie in dieser Funktion hohe Bedeutung. Paracelsus sieht in der knollenartigen Zwiebel die Signatur eines von Gichtknollen gezeichneten Fußes. Auch er empfiehlt die Herbstzeitlosen-Tinktur als äußerlich anwendbares Mittel bei den sehr schmerzhaften akuten Gichtanfällen. Sie wird bei Bedarf auf die schmerzenden Stellen aufgetragen und mit einem Tuch abgedeckt. Der Schmerz ebbt meist sofort ab, weil die Tinktur die Aufnahme von Harnsäurekristallen durch die weißen Blutkörperchen in den Gichtknoten – die Ursache für die krampfartigen Schmerzen – sofort unterbindet. Allerdings kann als Nebenwirkung Übelkeit auftreten, unter Umständen auch Durchfall.

Eine Tinktur ist ein alkoholischer Auszug von Pflanzenwirkstoffen. Für die Herbstzeitlosen-Tinktur verwendet man die ganzen, frischen Pflanzen. Sie werden möglichst rasch, nachdem man sie aus der Erde gezogen hat, grob zerkleinert, locker in ein Glas gehäuft und mit Weingeist übergossen. Der Weingeist soll alle Pflanzenteile völlig bedecken; am besten gießt man überhaupt bis zum Rand des Glases auf. Das gut verschlossene Glas stellt man sodann für etwa vier Wochen an einen kühlen Ort. Dann wird der Auszug abgegossen und in kleine Flaschen gefüllt. Bei allen diesen Arbeiten sollte man Gummihandschuhe tragen und alle Hilfsmittel, die mit den giftigen Pflanzenteilen in Berührung kommen – Messer, Schneideunterlage, Sieb – nach Gebrauch sorgfältig mit Seifenwasser reinigen.

Eine Zauberpflanze wie die Herbstzeitlose, mit Jahrtausende überspannender Tradition, ist auch heute noch für Überraschungen gut. Eine solche bereitete sie den Gentechnikern, die ein Mittel zur gezielten Einschränkung der Zellteilung suchten und im Colchicin, dem Hauptwirkstoff der Herbstzeitlose, fanden. Die Wirkung des Colchicins auf das Zellwachstum entspricht im Prinzip jener der Radioaktivität. Beide – das gefährliche Gift und die gefährliche Strahlung – trennen die archetypische Information von der materiellen Manifestation als lebende Zellstruktur. So eröffnet die Herbstzeitlose gewisse Perspektiven in der Krebstherapie. Durchaus in der Tradition der Hexenmedizin, denn schon die alten Volksheilkundlerinnen brachten Wucherungen wie Warzen und Melanome mit dem Saft der Herbstzeitlose zum Verschwinden.

Hexenmedizin als Volksmedizin

Vier grosse Umwälzungen bestimmten das Bild Europas seit dem Ende der letzten Eiszeit bis in die jüngste Vergangenheit: Die Einwanderung der indogermanischen Völker aus ihrem Kernraum um das Kaspische Meer gegen Ende des dritten vorchristlichen Jahrtausends, die Ausbreitung des Römischen Imperiums um die Zeitenwende, die Völkerwanderung nach dem Zerfall des Römischen Reiches und schließlich die industrielle Revolution. Das Jahrtausend zwischen Völkerwanderung und der naturwissenschaftlich-industriellen Revolution bezeichnen wir als Mittelalter. Es war keine „finstere" Epoche, wie oft fälschlicherweise behauptet wird, sondern viel eher ein lichtes Zeitalter. Und es war die Zeit, in welcher die Volksgesundheit vor allem in den Händen jener weisen Frauen lag, die dann am Beginn der Neuzeit als Hexen verunglimpft, verfolgt und verbrannt wurden.

Bevor wir uns mit den Volksheilerinnen des Mittelalters genauer befassen, ist die Frage zu beantworten, wie sich das umfassende Kräuterwissen dieser Frauen ansammeln konnte. Dazu müssen wir zurück in der Geschichte, sehr weit zurück – bis zu den archaischen Jäger- und Sammlergruppen, die das vorgeschichtliche Europa durchstreiften.

Schon bei den ersten Formen der Stammesbildung tritt eine Arbeitsteilung bei der Nahrungsbeschaffung auf. Die Männer sind vorwiegend für Tiere zuständig, die Frauen für Pflanzen und das Feuer. Bei den wenigen noch verbliebenen Naturvölkern kann man diese Arbeitsteilung heute noch beobachten. Sie bringt in gewisser Weise Spezialisten hervor: Jene für die Eigenarten und Lebensweise der bejagten Tiere und jene mit Kenntnissen der Vegetation und ihrer Wachstumszyklen. Letztere schufen mit ihrer Erfahrung die Grundlage dafür, daß die wichtigsten Pflanzen planmäßig angebaut werden konnten. So wurde man von Zufall und Sammlerglück unabhängig, mußte nicht mehr weite Landstriche durchwandern – kurz gesagt, der Mensch konnte seßhaft werden. Dieses einschneidendste Ereignis in der Geschichte der Menschheit wurde durch das Wissen der Frauen um die Eigenschaften der Pflanzen ermöglicht. Im Sinne der Arbeitsteilung hatten die körperlich kräftigeren Männer nun die Aufgabe, die Flächen für die Felder zu roden und zu pflügen. Während die Frauen dann mit Saat, Pflege und Ernte beschäftigt waren, konnten die Männer weiterhin jagen oder – nachdem die Frauen ihren Bereich domestiziert hatten, versuchten es auch die Männer mit dem ihrigen – Tiere züchten. Bei manchen Stämmen im Amazonas-Gebiet tritt diese Zuordnung noch heute in Erscheinung: Felder werden matrilinear vererbt, also in mütterlicher Erbfolge, Tiere und Jagdgerät patrilinear.

Mit der beginnenden Landwirtschaft minderte sich der Druck der Nahrungsbeschaffung. Sobald die Kinder selbständig wurden, konnte sich die Frau ein beschaulicheres Leben gönnen. Alte Frauen und Männer hatten seit jeher ein hohes Ansehen aufgrund ihrer Lebenserfahrung. Die Großmutter des Clans hatte nun aber auch die Möglichkeit, sich durch den weitgehenden Rückzug aus der Alltagsarbeit die nötige Muße für die Pflege und Weitergabe ihres Wissens um Pflanzen, Kräuter und die Geheimnisse des Lebens zu verschaffen. Sie hatte Zeit, nachzusinnen und ihre Erfahrung zu ordnen. Das Wohlergehen aller ihrer Angehörigen lag ihr am Herzen, und sie kannte die Kräuter, die Krankheiten heilen, die Liebesglut entfachen oder die Geburt erleichtern konnten, sie kannte die Rezepturen für berauschende Kräuterbiere genauso wie für Salben aus Dachsfett und Kräutern gegen Krätze oder Warzen. Ihr Nachsinnen über das Wesen der Kräuter und deren Kräfte öffnete ihr aber auch die Welt des Übersinnlichen. In einer Zeit ohne Radio und Fernsehen war die Welt stiller und die Wege in das Reich der Geister und der Visionen kürzer. Im Winter saß die weise Alte meist beim Herdfeuer, und wenn sie beim Knacken und Knistern der Lohe langsam in Trance versank, tat sich ihr der Logos auf. Sie kommunzierte mit den Ahnen und den Geistern. Ihrem Lieblingsenkel verriet sie wohl auch, was ihr die Geister zugeraunt hatten, und so entstand in jedem Stamm im Laufe vieler Generationen ein behüteter Schatz von Erfahrung und Wissen um das Wesen der Natur und der Geister, um die Eigenheiten der Welt im Diesseits und im Jenseits. Das Behältnis dieses Schatzes war die Wicca, die Hagzissa, die Weise Frau auf der Hecke, die Schamanin.

Irgendwann kam dann – wie bei jeder besonderen Fähigkeit – der Punkt, an dem Neigung und Zufall in die Spezialisierung mündeten. Wie jene Kinder, die eine gute Hand für die Ziegenzucht oder die Obstbäume zeigten, schon frühzeitig in diese Bereiche eingeführt wurden, brachte man Mädchen mit auffallenden „magischen" Neigungen zur Weisen Alten. War auch diese der Ansicht, daß es sich bei dem Kind um eine Art „Auserwählte" handelte, nahm sie es als eine Art Adoptivenkel in ihr Haus auf. Für die Sippe oder den Stamm hatte das den Vorteil, daß eine angehende Heilkundige auf Grund ihres Alters nicht in absehbarer Zeit selbst gebrechlich wurde, man also die heilkundliche Versorgung über einen längeren Zeitraum sichern konnte. Für die „Auserwählte" selbst aber eröffnete sich eine Welt des Zaubers und der Wunder. Ihr Wissen über die Geheimnisse des Lebens und des Wandels gaben ihr ein Bewußtsein für Zusammenhänge über das bloße Alltagsdasein hinaus, und ihre besondere Stellung an der Schnittstelle zwischen der Dorfgemeinschaft und dem Universum – auf der Hecke im weitesten Sinn – ermöglichten ihr ein Leben ohne kleinliche Zwänge und Beschränkungen. Sie dürfte durchaus dem Bild vom „sinnlichen Naturweib", wie sie in den Gemälden und Zeichnungen des Hans Baldung Grien (1484–1545) dargestellt ist, entsprochen haben.

Auch wenn die Hagzissa ein junge Frau war, nannte man sie aus Ehrfurcht „alt“. Diesen Umstand, Wissen und Weisheit mit Alter gleichzusetzen, kennzeichnet generell und in allen Kulturen die Haltung gegenüber Heilerinnen und Schamanen. So soll einer chinesischen Legende nach Laotse, der Verfasser des berühmten „Tao te king“, als alter Mann mit weißem Haar dem Schoß seiner Mutter entglitten sein. Die Weisheit, die dem Säugling quasi in die Wiege gelegt war, kommt auf diese Weise im Bild des Alten zum Ausdruck.

Die weibliche Quelle des Wissens

Natürlich war das Wissen um Zauber und Kräuter nicht ausschließlich den Frauen vorbehalten. Es gab genauso die Schamanen, die männlichen Magier oder „heiligen Männer“, die sich frei zwischen den Ebenen der Welt und den Seiten der Hecke bewegten, mit Ahnen und Geistern umgingen und die Kräfte der Gewächse sowohl kannten als auch zu nutzen wußten. Oft waren es Waldgänger, die sich den Großteil ihrer Zeit jenseits der Hecke in der Wildnis aufhielten; oft wohl auch die „Großväter“, die sich aus dem Alltag im Stamm oder in der Siedlung in die Wildnis zurückzogen und ein meditatives Leben führten. Oft dürften sich ihnen Schüler angeschlossen haben, und manche von diesen wurden zu mächtigen Schamanen. Trotzdem weisen viele Spuren darauf hin, daß auch diese Zauber- und Jenseitskundigen von Frauen initiiert wurden. Im frühmittelalterlichen Gudrunlied wird der zauberkundige Recke Wate, der Waffenschmied des Dietrich von Bern, von einem „weisen wilden Weibe“ in die Geheimnisse der Kräuterkunde eingeweiht. Und selbst Wotan erfährt seine Kenntnisse über die Zauberkraft der Kräuter von Frauen, wie uns die Edda verrät: Als Baldurs Fohlen sich das Bein verrenkte, besangen es zuerst die Schwestern Sinthgunt und Sunna, dann die Schwestern Frija und Volla, und dann besang es Wotan. Die Zaubersprüche zu den Kräutern wurden Wotan quasi von den beiden Hexenschwesternpaaren vorgesungen. Auf unsere weise Großmutter, die Hagzissa, umgelegt, können wir annehmen, daß sie ihr Wissen nicht ausschließlich in weiblicher Linie weitergab. Offensichtlich besteht aber nie Zweifel an der „weiblichen Quelle“ des Wissens. Einen Beweis dafür liefert der Volkskundler Jakob Grimm (jener, der gemeinsam mit seinem Bruder die deutschen Volksmärchen aufschrieb) in seiner „Deutschen Mythologie“: Wotan – oder angelsächsisch Odin – gilt als großer Kräuterkundiger und mächtiger Zaubergott. Trotzdem verkleidet er sich als Frau, wenn er im Wald die Kräuter und die Wurzeln sucht, wenn er sie zubereitet und beschwört, oft auch dann, wenn er damit heilt. So scheint selbst das germanische Patriarchat anerkennen zu müssen, daß die Zauberkraft der Kräuter zwar nicht explizit nach der weiblichen Hand, jedenfalls aber nach dem weiblichen Element im Menschen verlangt.

Diese Eigenschaft war es andrerseits, welche die Weisen Frauen den christlichen Missionaren von Anfang an suspekt erscheinen ließ. Schon der erste lateinische Kirchenschriftsteller, Tertullian (160–220 n. Chr.), schrieb, daß Frauen nicht nur Männer, sondern auch Engel verführen könnten. Zum Dank für ihre Buhlschaft hätte sie der oberste der verführten Engel, Luzifer, in die Geheimnisse der Kräuterkunde eingeweiht. Die Weiblichkeit wurde vom Christentum zum Träger der Sünde und der Verdammnis gestempelt. Die paradiesische Eva, die Schamanin, wurde zur vom Teufel verführten Ursünderin, durch die das Verderben in die Welt gelangen konnte. Die Missionare versuchten von Anfang an – also etwa seit der Völkerwanderung – die Weisen Frauen auf jede nur erdenkliche Art zu diffamieren. Sie galten als Haupthindernis der Bekehrung, waren die schärfste Konkurrenz im Kampf um die Seelen der europäischen Völker.

Die Verbündung der Kirche mit der weltlichen Macht gipfelte in der Zwangschristianisierung Europas unter dem Schwert Karl des Großen. Interessanterweise war gerade jener auch ein großer Kräuterfreund, und man kann die Tradition der Klostergärten unter anderem auf seine Initative zurückführen. Neben dem Monopol der Verbindung zum Jenseits sollte den Schamanen und Heilerinnen der Germanen, Kelten und Slawen auch jenes der Heilkunde entrissen werden. Wer die Leiden des Körpers lindern konnte, war überzeugender, wenn er von der Heilung der Seele sprach.

Die gegenseitige Unterstützung von kirchlicher und weltlicher Feudalherrschaft ermöglichte der kirchlichen Seite, über bloße Glaubenssätze weit hinausgehende Gesetze und Verbote zu erlassen. In einer Anleitung für Missionare aus dem 8. Jahrhundert, dem „Indiculus superstitionum et pagarum" wird aufgelistet, was den „bekehrten Heiden" zu verbieten sei: Flurumgänge mit „Götzenbildern", „Götzendienste" an Gräbern, Grabopfer, das Totenmahl und das Singen von Totenklagen bei der Totenwache, die Verehrung von heiligen Hainen, Bäumen und Quellen, das Frühlingsfest im Februar, das Weihewest am 1. Mai, gesungene Zaubersprüche, der Mondzauber der Frauen und schließlich Orakel und Weissagungen. Zu diesen Verboten gab es Bußbücher, die Strafen für Verstöße gegen diese Kirchenvorschriften sowie für Vergehen wie Traumdeuten, Bereitung und Anwendung von Liebestränken und Kräuterzauber festlegten. Daß die solcherart gestärkten Verkünder der Frohbotschaft nicht nur in Worten, sondern auch in Taten unter den „Heiden" wüteten, zeigen zahlreiche Berichte von der Schändung heiliger Bäume. Am bekanntesten ist jener vom Mönch Bonifazius, der die von vielen germanischen Stämmen verehrte Donareiche fällte.

Die Gynäkologin des Volkes

Europa war bis in die Neuzeit verhältnismäßig dünn besiedelt. Nach den Studien der Historiker S. B. Clough und R. T. Rapp, publiziert 1975 in ihrem Werk „European Economic History", hatte Europa vor der Völkerwanderung etwa 67 Millionen Einwohner. Um das Jahr 700 wurde ein Tiefststand von 27 Millionen erreicht, der dann bis zur ersten Pestepidemie auf 73 Millionen anstieg. Die Pest dezimierte die europäische Bevölkerung wieder auf unter 50 Millionen. Man kann also annehmen, daß die Bevölkerungsdichte während des gesamten Mittelalters weniger als ein Zehntel der heutigen betrug. Bei allem missionarischen Eifer galt deshalb für die christlich bekehrten Einwohner: Der Papst ist weit, und der Kaiser auch nicht viel näher.

Als Heilerin war die „Hexe" für die Landbevölkerung weiterhin unentbehrlich. Und wenn Hexen auch von den christlichen Priestern verdammt wurden – sie blieben bis weit in das Hochmittelalter hinein Träger ihrer alten naturreligiösen Spiritualität. Um keine Konflikte zu provozieren, trugen sie sie nicht offen zur Schau, sondern dazu bei, ihre Kräuterkunde mit einem christlichen Mäntelchen zu umhüllen. Sie fanden bald heraus, wie sie die Pfaffen bei Laune halten und trotzdem ihre alten Bräuche beibehalten konnten. Urmutter Freya wurde zwar als Herrin der Kräuter verehrt, man nannte sie bloß dem kirchlichen Argusauge zuliebe Maria. Manche Wotanskräuter wurden einem christlichen Heiligen geweiht, etwa dem Pestheiligen Rochus, jene des wurzelgrabenden Donars erhielten den Drachentöter Georg als Patron. Die Kirche störte sich nicht daran, solange das Volk zur Messe kam, die Kinder taufen ließ und die Abgaben zahlte. Bis zum Beginn der Neuzeit sahen Kirche und Kaiser keinen Grund, den „dummen Aberglauben mit den Kräutern" nachhaltig zu verfolgen. Die Kräuterzauberinnen konnten somit ungehindert ihrer Arbeit als Heilerinnen nachgehen, als Baderinnen, Schwangerschaftsberaterinnen und Hebammen.

Vor allem die letzten beiden Funktionen machten die Kräuterfrau unentbehrlich – als Gynäkologin des Volkes.

Von den Mitteln des Kräuterreiches, die sinnliche Lust und die Zeugungskraft zu fördern, war schon die Rede. Sie wurden bis ins Mittelalter von der vertrauenswürdig-verschwiegenen Kräuterfrau gemischt. Das war aber nur der Anfangspunkt – für das Leben genauso wie für den Beistand der Weisen Frau für jene Frauen, die sich ihr anvertrauten. Schwangerschaft und Geburt waren die ureigenste Domäne der Kräuterfrauen, und in dieser konnten sie sich auch am längsten halten. Solange zumindest, bis in den Hexenmassakern der frühen Neuzeit alles darangesetzt wurde, sie selbst und ihr Wissen zu vernichten.

Die Sensibilität unserer Vorfahren für die Rhythmen des Kosmos ließ sie auch für die Zeugung der Nachkommen den richtigen Zeitpunkt finden. Wenn sich die ganze Natur im Liebesrausch befand, feierte auch der Mensch die Feste, die neues Leben begründeten. Schon bei den Kelten galt als segensreich, Kinder bei Vollmond und in der Zeit der aufsteigenden Sonne zu zeugen. Der Mai war also nicht nur hinsichtlich der blühenden Natur der „Wonnemond". Das germanische Maifest war ein Fest der Reinigung und der äußeren Form nach ein Badefest. Die Kräuterfrauen brühten aus Blüten und Kräutern sinnlich duftende Badezusätze und brauten berauschende Kräuterbiere. Der Waldmeister war eine wichtige Zutat zu diesen Tränken. Noch heute ist er für die Waldmeister-Bowle, die Krönung jeder Frühlingsparty, unentbehrlich. Und wer nicht bloß einige Stämmchen dieses zauberhaften Krautes, sondern eine kräftige Handvoll davon – mit Zucker und Zitronenscheiben – in Wein einlegt, wird zwar am nächsten Tag einen gewaltigen Kater haben. Zuvor wird er aber erfahren, wieso dieses Kraut bei den Franzosen „reine de bois", also Königin des Waldes, heißt: Es läßt das weiblich-wilde Gesicht der Natur ganz nahe treten. Der Genuß dieser Kräuterkraft beim Badefest dürfte durchaus dazu angeregt haben, die weibliche Seite der Natur in der greifbaren Frau zu verehren.

Rechnet man zum Maifest neun Monate, so fällt der Geburtstermin der gezeugten Kinder etwa auf den Lichtmeßtag. Auch hier zeigt sich die vollkommene Harmonie mit dem kosmoschen Rhythmus: Das Kind erblickt das Licht der Welt, wenn sich nach dem Dunkel des Winters die ganze Natur wieder zum Licht hin wendet.

Für alle Fragen und Probleme während der Schwangerschaft stand die Weise Frau, die Dorfhebamme, mit Rat und Tat zur Seite. Besonders aber bei der Geburt, und ihre Anwesenheit war nicht nur aus Gründen der rein medizinischen Geburtshilfe unentbehrlich. Die Hebamme bekam ihre Berufsbezeichnung von der germanischen Hevanna, der Hebe-Ahnin. Sie war an der Geburt ebenso direkt beteiligt wie die Mutter, nur nicht körperlich, sondern geistig, auf der magischen Ebene. Sie kommunizierte bereits vor der Geburt mit dem Kind und setzte es in eine Beziehung zur Ganzheit des Kosmos, von dem es bald ein selbständiger und verantwortlicher Teil sein sollte. Nach der Geburt legte sie es auf den Boden als symbolischen Bereich zwischen Diesseits und Jenseits und weihte es solcherart der Erdmutter. Dann ging sie, Zaubersprüche murmelnd, dreimal um das Kind. Dabei nahm sie es genau in Augenschein. Bestand das Kind diese Prüfung, nahm sie es auf, segnete es und weissagte sein Schicksal, bevor sie es dem Vater in den Schoß legte. Von ihm bekam das Kind seinen Namen und wurde damit in die Sippe aufgenommen.

War die Hebamme der Ansicht, das Kind sei – aufgrund von Mißbildung oder anderen Mängeln – nicht lebensfähig, ließ sie es auf dem Boden, dem „Niemandsland“, liegen. Das Nichtaufheben durch die Hebe-Ahnin – auf den symbolträchtigen Akt des Aufhebens bezieht sich die Bezeichnung – war gleichbedeutend mit der Zurückweisung des Neugeborenen. Es wurde jenseits der Hecke ausgesetzt. Sobald die Hebe-Ahnin das Kind jedoch aufgehoben hatte, genoß es den Schutz der Gemeinschaft. Es danach noch auszusetzen hätte als Kindesmord gegolten.

Labkraut, Quendel, Poleiminze:

Das heilsame Stroh des Wochenbetts

Nach der Namensgebung wurde das Kind rituell in einem Absud von Kräutern gebadet. Von nun an bestimmen Kräuter über die Gesundheit von Kind und Mutter. Die Wöchnerin ist in besonderem Maß auf die Kraft der Kräuter angewiesen, um sich und ihr Kind gesund zu erhalten und die durch die Geburt auf zwei Menschen verteilte Lebensenergie zu ergänzen und zu erneuern. Die dafür gebrauchten Kräuter nannte man die „Bettstrohkräuter“.

Schon vor der Geburt wurde die werdende Mutter durch Kräutertees und Kräuterumschläge gestärkt. Man nannte diese Pflanzen generell Mutterkraut und Mutterwurz. Für Wurzelabkochungen gebraucht man vor allem die *Schwarze Meisterwurz* (Sterndolde), *Bärwurz* und *Arnikawurzeln.* Mutterkräuter sind teilwiese auch als herz- und kreislaufstärkende Mittel bekannt: *Herzgespann* und *Schafgarbe* sowie Mischungen aus Lavendel, Thymian, Angelikawurzel, Blutwurz, Huflattich, Weißdorn oder Bibernelle.

Einer leichten Geburt und dem raschen Abgang der Nachgeburt sollten Kräuter dienen, die teilweise auch als Abtreibungsmittel eingesetzt wurden. *Wermut, Beifuß* und *Andorn,* vor allem aber die *Poleiminze* und der *Echte Diptam* sind in dieser Hinsicht bekannt. Letzterer galt als heilige Pflanze der Artemis, der Göttin mit Pfeil und Bogen, und hieß bei den antiken Griechen Belotokos, also „schnell wie ein Pfeil die Geburt bewirkend". Dioskurides beschreibt im ersten nachchristlichen Jahrhundert den wildwachsenden Echten Diptam als „in der Wirkung gleich der angebauten Polei, aber viel stärker. Denn nicht nur getrunken, auch im Zäpfchen und in der Räucherung wirft er einen toten Fötus aus. Der Trank von der erhitzten Wurzel beschleunigt die Geburt." Im Alpenraum ist dieses Mutterkraut als Bauern-Huflattich bekannt. Die Römer gaben dem Echten Diptam den Namen „Labrum Veneris", Venus-Lippe. Plinius der Ältere nennt neben der Anwendung in der Geburtshilfe auch die Wirkung des Diptam als Heilmittel bei Schlangenbiß und Wunden durch Giftpfeile: „Der Saft der zerriebenen und ausgepressten Diptamnum heilt als Getränk außerordentlich wirkungsvoll alle Vergiftungen. Selbst Hirsche, durch des Jägers vergifteten Pfeil verwundet, suchen diese Pflanze auf, fressen sie und schütteln sodann den Pfeil und sein Gift ab." Der Diptam enthält große Mengen ätherischer Öle, dazu Bitterstoffe und Gerbstoffe.

Die Bettstroh-Kräuter begleiteten die ersten Lebenswochen des Kindes. Bei den Germanen waren es die neun heiligen Kräuter des Johannisbuschens, auf welche Mutter und Kind gebettet wurden. Nach der Christianisierung nannte man diese neun Kräuter allgemein „Unser lieb Frau Bettstroh" und weihte sie der Gottesmutter Maria. Darüberhinaus galt im Alpenraum das Labkraut als unverzichtbares „Bettstroh". Im Absud seiner goldgelben Blütenrispen wurde das Kind gebadet, und die Mutter wurde eine Zeit lang nach der Geburt mit Tee aus *Labkraut* „gelabt" – daher auch sein Name.

Der *Quendel,* der wild wachsende Thymian, begleitete als „Bettstroh" im direkten Sinn die Wöchnerin. Ganze Büschel dieses aromatischen und beruhigend wirkenden Würzkrautes wurden unter die Bettlaken gepackt. Die Blätter des Quendels enthalten große Mengen des ätherischen Öls Thymol, das nicht nur desinfizierend wirkt, sondern auch als Nerventonikum bei Angstzuständen eine lange Tradition hat. Bei den Radiästheten hat der Quendel zudem den Ruf, schädliche Erdstrahlen zu neutralisieren. Seine Verwendung als „Schutzschicht" im Wochenbett ist also auf einem breiten Wirkungsbereich begründet.

Natürlich kannten die Hebammen auch jede Menge Kräuter, um ein Wochenbett schon Monate vorher zu verhindern. Eine Abtreibung war zu jener Zeit wohl keine große Sache, und wenn sie von den Kräuterfrauen mit Sachverstand durchgeführt wurde, auch kaum problematisch. Das wurde sie erst, als nach der Hexenverfolgung zwielichtige „Engelmacherinnen“ den Mangel an kräuterkundigen Hebammen ausnutzten. Geburtenkontrolle ist keine Erfindung des 20. Jahrhunderts. Seit die Frauen über entsprechendes Wissen verfügten, nutzten sie es auch zur Selbstbestimmung über ihre Fruchtbarkeit.

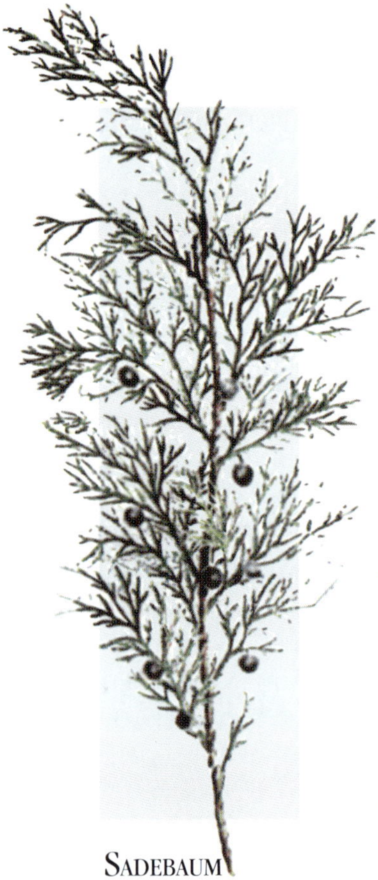

SADEBAUM

Viele harmlos erscheinende Kräuter von Wiesen und Feldrainen sind Abtreibungsmittel mit uralter Tradition. Das allseits bekannte *Gänseblümchen* (Bellis perennis) beispielsweise, das gemeinsam mit *Andorn* und *Petersilie* zum „Jungferntrank“ aufgebrüht wurde. Dieser Trank stellte zwar die Jungfräulichkeit nicht wieder her, sorgte aber für den Abgang des Fötus.

Sehr wirkungsvoll als Abortiv, aber nicht ungefährlich und deshalb in der Hebammenmedizin selten gebraucht war eine Abkochung der Triebspitzen des *Sadebaumes* oder *Sevenbaumes.* Die Gefahr lag vor allem in der Dosierung, die ein hohes Maß an Kenntnis und Erfahrung verlangte. Eine Abkochung von etwa 50 Gramm der Sadebaumtriebe führte innerhalb weniger Stunden zum Abgang des Fötus, meist verbunden mit heftigen Blutungen und einer folgenden Entzündung der Gebärmutter und der Harnwege. Ab einer Dosis von etwa 60 Gramm konnte es jedoch bereits zu tödlichen Vergiftungen kommen. Seit der Renaissance ist der Sadebaum ein beliebter Zierstrauch in den Gärten und Parkanlagen. Zeitweilig wurde seine Pflanzung aber verboten, weil man die Triebspitzen häufig abgeerntet fand – und einige Tage später eine Frauenleiche.

Disteln, Nesseln und Krötenkräuter

Der weitaus größte Teil dessen, was uns heute als Hausmittel bekannt und vertraut ist, beruht auf der Tradition der kräuterkundigen Frauen. Die Anwendung der Kräuter durch unzählige Generationen machte einen Teil ihrer Kenntnisse zu einem Allgemeingut, das als Erfahrungsschatz von den Großmüttern auf die Enkelinnen und von den Großvätern auf die Enkel übertragen wurde. Eine auch nur annähernd vollständige Aufzählung aller volksmedizinisch gebrauchten Kräuter und Anwendungen füllt nicht bloß Bücher, sondern ganze Bibliotheken. Also fangen wir gar nicht erst damit an. Einige jener Pflanzen, die dadurch bezaubern, daß sie die kleinen oder größeren Leiden des Alltags lindern, wollen wir aber trotzdem noch betrachten.

BENEDIKTENDISTEL

Die *Disteln* gelten als widerborstiges Unkraut, aber wegen ihrer Erscheinungsform und ihres bevorzugten Lebensraumes auch als Symbolpflanzen der Hexe. Sie sind ein Heckengewächs, immer in nächster Nähe zur Wildnis, am Rande des Dorfes und an der Grenze der Kultur. Schon bei Dioskurides werden Heilanwendungen einzelner Distelarten beschrieben, etwa jene der *Mariendistel* gegen starke und schmerzhafte Monatsblutung sowie zur Anregung des Milchflusses. Nach der Signaturlehre des Paracelsus weisen die Stacheln der Distel darauf hin, daß sie gegen alle stechenden Schmerzzustände des Leibes und der Seele von Nutzen sei. Disteltee wirke demnach gegen Melancholie und das Stechen des Herzens. In der Volskmedizin gilt er als Mittel gegen Würmer. Verwendet wird das Kraut, aber erst nach der Blüte.

Der alkoholische Auszug von Distelkraut, vor allem der *Benediktendistel*, ist ein vorzügliches Einreibemittel gegen schmerzhafte Muskelverspannungen. Der Auszug wird hergestellt, indem man das zerkleinerte frische Kraut in einem Glas mit Weingeist übergießt. Um eine Schimmelbildung auf unbedecktem Kraut zu verhindern, müssen alle Pflanzenteile völlig von Weingeist bedeckt sein. Am besten gießt man das Glas bis zum Rand auf. Gut verschlossen stellt man es für vier Wochen an einen warmen Ort. Dann gießt man den Auszug ab, füllt ihn in kleine Flaschen und bewahrt ihn bis zum Gebrauch kühl und lichtgeschützt auf.

Die Benediktendistel ist ein eindrucksvolles Gewächs, das über einen Meter hoch werden kann. Ihre stacheligen Blätter und die Blüten werden zwischen Juni und August gesammelt, die Samen im Herbst. Aus allen Teilen kann man Tees gegen eine Vielzahl von Verdauungsbeschwerden brühen, gegen Magen- und Darmkrämpfe, Durchfall und Blähungen.

Nesseln sind meist nicht auffallend hübsche, dafür aber äußerst heilkräftige Kräuter. Am bekanntesten ist die *Brennessel*. Häufig als Unkraut verleumdet, ist sie in Wahrheit eine der wertvollsten Pflanzen für die menschliche Gesundheit. Ein Spinat aus den jungen Blättern ist nicht nur eine Köstlichkeit, er enthält auch die dreifache Menge an Vitamin C im Ver-

Brennessel

gleich zum „üblichen“ Blattspinat. Die jungen Blätter krönen den Frühlingssalat und machen sich auch in einer Gemüsesuppe gut. Eine dreiwöchige Kur mit Brennesseltee sorgt für Entschlackung im Frühling und gegen jede Art von rheumatischen Beschwerden. Der Brennesseltee gilt darüber hinaus wegen seines hohen Gehalts an Vitaminen, Eisen, Mineralstoffen, Ameisensäure und Histaminen als allgemein stärkend. In der Volksmedizin wird er deswegen Rekonvaleszenten empfohlen.

Eine besondere Gruppe von Kräutern aus dem Medizinschrank der Hexenhebammen sind die sogenannten „Krötenkräuter“. Die Kröte galt bis weit in die Neuzeit als Symbol einer kranken Gebärmutter. Die Kröte war dafür verantwortlich, wenn eine Frau eine Fehlgeburt hatte oder eine Mißgeburt zu Welt brachte. Schutz vor der „Kröte“ boten die Krötenkräuter: *Löwenzahn* („Krötenbusch“), *Kamille* („Krotkraut“) und *Nabelkraut*. Es sind jene Kräuter, die eine heilsame Wirkung bei allen Frauenleiden zeigen.

Ein Absud aus den Blättern des Nabelkrauts ist allgemein schützend für Schleimhäute und lindert Schmerzen, die von Schleimhautreizungen und -entzündungen ausgehen. In der Volksmedizin wird der Absud vor allem für Sitzbäder verwendet.

Die Kamille und ihre vielfältige Heilwirkung zu beschreiben erübrigt sich fast, ist sie doch eines der bekanntesten Heilkräuter überhaupt und zumindest in Teebeuteln in fast jedem Haushalt zu finden. Die Anwendung der Kamille läßt sich grob in zwei Gruppen unterteilen: in eine, wo sie entzündungshemmend wirkt, und in eine andere, wo sie entspannt und beruhigt.

Der Löwenzahn liefert im Frühling den beliebten Salat aus seinen jungen Blättern, den „Röhrlsalat“. Seine Wurzeln, die man am besten zwischen Juni und August ausgräbt, und die Blätter enthalten nicht nur von allen Kräutern das meiste Kalium – bis zu fünf Prozent! –, sie wirken auch harntreibend, antirheumatisch und allgemein stärkend. Die entwässernde Wirkung des Tees aus der Löwenzahnwurzel ist ebenso stark wie jene durch entsprechende Medikamente. Die Entwässerung führt jedoch zu einem starkem Kaliumverlust des Körpers, und genau diesen gleich der hohe Kaliumgehalt der Löwenzahnwurzel wieder aus. Ein Kaliummangel kann zu Herzproblemen führen, weshalb bei einer medikamentös bewirkten Entwässerung zusätzlich Kaliumpräparate verordnet werden. Im Löwenzahnwurzeltee ist dagegen alles Nötige schon vorhanden.

An diesen wenigen, aber typischen Beispielen aus dem Kräuterschatz der Volksheilmittel läßt sich eine wichtige Eigenschaft der als „Hausmittel" zu Ehren gekommenen Heilkräuter erkennen: Sie haben zwar einen großen Nutzen, können aber auch bei unsachgemäßer Verwendung kaum schaden. Das unterscheidet sie von den eigentlichen „Zauberkräutern", die genaue Kenntnis des Mittels und der Dosierung verlangen.

Zauberkräuter für jeden Tag

Kräuter bezaubern uns nicht nur durch ihren vielfältigen Nutzen. Sie sind auch schön, viele von ihnen verbreiten einen zarten, süßen oder gar betörenden Duft. Und wer jemals einen Sommernachmittag im Lehnstuhl zwischen Kräutern verträumt hat, weiß, daß die entspannende und bewußtseinserweiternde Wirkung der Kräuter schon dann spürbar ist, wenn man von ihnen umgeben ist. Nicht umsonst gilt der Kräutergarten als jener Ort, wo ein kreativer Mensch den innigsten Kontakt mit der Natur und ihren Genien findet.

Ein Kräutergarten braucht nicht viel Platz. Wenige Quadratmeter genügen schon, um ein duftendes Paradies heranwachsen zu lassen. Man kann die Kräuter im Kreis um einen Sitzplatz pflanzen, in der Form einer Spirale einen Steingarten anlegen – der an seiner tiefsten Stelle in einen kleinen Teich ausläuft und so auch Sumpfkräutern beste Lebensbedingungen bietet – oder die Kräuter in Töpfe und Kisten pflanzen und in einem ansprechenden Ensemble gruppieren.

Die letztere Möglichkeit wird immer beliebter. Nicht nur bei jenen, die ihren Balkon oder ihre Terrasse zum Kräutergarten machen. Auch dem, der einen „richtigen" Garten sein eigen nennt, bietet die Topfkultur einiges an Vorteilen.

An erster Stelle ist die Vielzahl an Gestaltungsmöglichkeiten zu nennen. In Beete gepflanzte Kräuter wirken durch sich selbst. Jene im Topfgarten können sich in der gestalterischen Wechselbeziehung zwischen Kräutern und Töpfen zur Geltung bringen. Bis auf wenige Ausnahmen wurzeln Kräuter eher flach, brauchen also kein tiefes Erdreich, um sich gut entwickeln zu können. Sehr große Töpfe und Tröge brauchen nur mehrjährige Kräuter und strauchartige Gewächse wie etwa der – als Topfplanze sehr beliebte – Granatapfelbaum. Der Minze, einem unverzichtbaren Gewächs für jeden (Topf-)Kräutergarten, sollte man wegen ihres ungestümen Wachstums einen ausreichend großen Trog zugestehen. Sie bedankt sich dafür jedoch mit immer verfügbaren Blättern für erntefrischen Minzentee (auch als Eistee ein Genuß! Und das auch noch im Lehnstuhl zwischen den Kräutertrögen ...). Wer seinen Topfgarten in einem Eckchen des Gartens oder auf der Terrasse zusammenstellt, braucht nur zwei Voraussetzungen berücksichtigen: Die Kräuter brauchen viel Sonne, je mehr, desto besser, und sie hassen Wind und Zugluft. Der Platz an einer Hauswand ist wegen der Sonne ideal. Ist jedoch die Hausecke nahe, um die wegen der Temperaturunterschiede zwischen Sonne und Schatten ständig ein frisches Lüftchen weht, brauchen die Kräuter eine Schutzwand. Meist genügt eine Holzkonstruktion, an der man eine Schilfmatte befestigen kann.

Diese beiden Umstände – viel Sonne und Schutz vor Wind und Zugluft – muß man auch bei der Anlage eines ortsfesten Kräutergartens berücksichtigen. Die Klostergärten sind in dieser Hinsicht das beste Beispiel. Sie liegen immer an Südost- oder Südhängen. An Hängen mit dieser Orientierung ist es immer wärmer als auf einer ebenen Fläche. Die Gradunterschiede zwischen dem senkrechten und dem spitzen Einfallswinkel der Sonnenstrahlen wirken sich in den Temperaturgraden auf dem Gartenboden aus: Je steiler der Hang, umso größer der Einfallswinkel und die Intensität der Sonneneinstrahlung. Die Klostermauern, die den Kräutergarten umgeben, sorgen außerdem für den nötigen Windschutz. Schon ein mäßiges Lüftchen entzieht Boden und Pflanzen Feuchtigkeit und setzt die Temperatur von Luft und Boden herab. Je stärker der Wind bläst, um so mehr Wasser müssen die Kräuter verdunsten, um ihr feuchtwarmes Mikroklima zu erhalten.

Dem Wärmebedürfnis der Kräuter kann man mit einfachen Mitteln auch für die kalten Nachtstunden entgegenkommen. Beim Topfgarten, indem man Töpfe und Tröge aus Holz, Ton oder Stein wählt. Diese Materialien können die Tageswärme zumindest für die ersten Nachtstunden speichern. Beim ortsfesten Kräuterbeet bietet sich die Möglichkeit an, große Steine als Teil der Einfassung zu verwenden. Sie wirken als eine Art Klimapuffer für das Mikroklima unmittelbar über dem Boden, weil sie die gespeicherte Sonnenwärme das Tages während der Nacht langsam an den Boden abgeben.

Der Topfgarten ist, wie schon angedeutet, der ideale Kräutergarten für Individualisten. Die Kreativität hat großen Spielraum, denn sobald die Kräuter herangewachsen sind, fordern sie geradezu dazu heraus, sie selbst und ihre Gefäße immer neu zu sehen und neu zu ordnen. Es geht beim Topfgarten gar nicht so sehr darum, die Kräuter in Mengen abzuernten. Natürlich kommt auch dieser Aspekt nicht zu kurz. Das Hauptmotiv hinter dem Topfgarten mit Kräutern ist meist, daß man gerne Umgang mit den zauberhaften Gewächsen hat und sich an ihrer Gegenwart erfreut. Im Gegensatz zu reinen Zierpflanzen haben die Kräuter den zusätzlichen Reiz, auch Blätter und Blüten für Gesundheit und Genuß zu liefern.

Wer Platz für Topfpflanzen hat, hat auch den Platz für seinen eigenen Zauberkräutergarten. Von geheimnisumwobenen Hexenkräutern wie Bilsenkraut oder Stechapfel bis zu Küchenkräutern wie Liebstöckel oder Majoran – beinahe jedes Kräutchen fühlt sich auch in Topf oder Trog wohl. Einschränkungen muß nur hinnehmen, wer den Balkon oder die Dachterrasse als Kräutergarten nutzt. Das Gewicht der gefüllten Töpfe und Tröge verlangt von der Statik der Grundfläche her eine (zusätzliche) Tragfähigkeit von zumindest 100 Kilogramm pro Quadratmeter. Bei großen Trögen kann die statische Zusatzbelastung auf bis zu 300 kg pro Quadratmeter ansteigen. An sich liegt eine solche Belastung innerhalb der zulässigen Grenzen. Sie ist mit jener einer mittleren Schneelast vergleichbar. Bei älteren Häusern sollte man sich trotzdem durch den fachkundigen Rat eines Baustatikers vor fatalen Überraschungen bewahren.

Gemessen an manchen Zierpflanzen machen die meisten Kräuter als Topfgartenpflanzen vergleichsweise wenig Arbeit. Sie sind in ihren Ansprüchen bescheiden und noch nicht so hochgezüchtet, daß sie das rauhe Leben in der Natur schon vergessen hätten. Neben der Sonne und der persönlichen Zuwendung brauchen sie allerdings zwei Dinge zum Leben und Gedeihen: Wasser und Dünger.

Auch wenn die meisten Kräuter in der Natur einen trockenen Standort bevorzugen, ganz ohne Wasser kommen sie nicht aus. Das heißt: Mäßig gießen, aber dafür regelmäßig. Bei feuchtem Wetter reicht es meist, wenn sie jeden dritten oder vierten Tag ihr Wasser bekommen. Bei viel Sonne brauchen sie aber mehr Wasser, und weil es auch aus der Topferde verdunstet, muß man sie im Hochsommer wohl täglich gießen. Die Erde soll feucht sein, aber nicht naß. Was Topfkräuter gar nicht mögen, ist die Staunässe im unteren Bereich des Behältnisses. Sie tritt dann auf, wenn der Topf über keinen oder keinen ausreichenden Abfluß im Boden verfügt. In diesem Fall können die Wurzeln zu faulen beginnen.

Über die Abflußlöcher im Boden des Topfes legt man einige Tonscherben – damit vermeidet man Verstopfungen der Löcher – und deckt sie mit einer Schicht grobkörnigem Sand ab. Dann füllt man das Gefäß mit einer Mischung aus drei Teilen Gartenerde und einem Teil Sand. Die letzten zwei Zentimeter bis zum Topfrand läßt man als „Gießrand" frei. Hier kann beim Gießen das Wasser stehen, bevor es in die Erde sickert, und man vermeidet, daß ein zu heftiger Guß Erde ausschwemmt.

Im Topf brauchen Kräuter etwas mehr Dünger als im Garten. Man kann handelsübliche mineralische Düngemittel verwenden, die man nach dem Anwachsen der Pflanzen im Abstand von etwa vier bis sechs Wochen dem Wasser beigibt.

Für Anfänger in der Kräutergärtnerei in Töpfen empfiehlt sich der Kauf von Jungpflanzen. Die meisten Gartenkräuter werden in Töpfen angeboten. Seltenere Kräuter und die speziellen „Hexenkräuter" muß man selbst aus den Samen ziehen. Das ist aber auch nicht so kompliziert, wie es sich anhört. Man braucht dazu ein flaches Gefäß, am besten natürlich eine speziell dafür entwickelte Saatschale. Diese füllt man mit Aussaaterde, die man in jedem Gartencenter erhält und die bereits mit Nährstoffen für die Keimlinge angereichert ist. Darauf sät man in ausreichend großem Abstand die Samen und deckt sie mit einer dünnen Schicht Erde ab. Die Saatschale deckt man mit einer Glasplatte ab. Sie darf aber nicht direkt am Schalenrand aufliegen, damit ausreichend Luft zu den Samen gelangen kann. Wenn die Schale nicht ohnehin entsprechende Halterungen aufweist, legt man die Glasplatte auf Distanzstücke aus Holz. Die Glasplatte deckt man mit Zeitungspapier ab, bis sich die ersten grünen Spitzen der Keimlinge zeigen. Dann darf man den jungen Pflanzen das Licht zumuten. Die Erde in der Saatschale muß immer feucht sein. Zum Befeuchten sollte man handwarmes, abgestandenes Wasser verwenden. Und auch dann, wenn man die Saatschale tagsüber im Freien stehen hat, sollte man für sie einen Platz im Halbschatten und nicht in der prallen Sonne wählen. Sind die Keimlinge entsprechend angewachsen, kann man sie mit Hilfe eines Pikierholzes in Töpfe umpflanzen.

Bei einjährigen Kräutern weiß man spätestens im zweiten Jahr aus der Erfahrung des vorigen, wie groß der Topf sein muß. Mehrjährige Kräuter muß man wahrscheinlich im zweiten Jahr umtopfen. Manche, die sich zu strauchartigen Pflanzen auswachsen, verlangen zumindest jedes zweite Jahr nach einem neuen, also einem größeren Topf.

Und weil wir schon die Töpfe angesprochen haben: Für den ästhetischen Eindruck des Topfgartens sind sie von großer Bedeutung. Der gute alte Blumentopf sollte dabei aber nicht zu gering geschätzt werden. Ob industrielle Massenware oder handgefertigte Terrakotta – er ist ein schlichtes, aber aus optischer Sicht ein sehr geselliges Gefäß. Er paßt überall dazu und ist in seiner Funktionalität unübertroffen. Seine einzige Beschränkung liegt in der Größe. Sehr große Töpfe sind sehr schwer und dadurch schwierig umzustellen. Für Kräuter, die nach großvolumigen Behältnissen verlangen, gibt es jedoch einiges an Alternativen. Kübel und Tröge aus (asbestfreiem!) Faserzement haben bei geringer Wandstärke eine hohe Bruchfestigkeit. Wen die schlichte graue Farbe stört, der kann sie mit Dispersionsfarbe beliebig anmalen. Tröge aus Holz sind ebenfalls eine gebräuchliche Alternative, wenn durch Abflußlöcher in deren Boden die Gefahr der Staunässe vermieden wird. Optisch wirken sie manchmal klobig, besonders, wenn die eingepflanzten Kräuter sich erst zu einem Blickfang auswachsen müssen. Mehrjährige

Gewächse mit entsprechender Höhe und Dichte kommen in Holzträgen jedoch sehr gut zur Geltung. Und schließlich: Wer einen Freund/eine Freundin hat, der/die seine/ihre Freizeit an der Töpferscheibe verbringt, kann seinen Topfgarten völlig aus der Reihe tanzen lassen – mit einzelnen Schalen und Vasen nach griechischem Vorbild oder mit einer römischen Amphore als Aufputz. Die Funktionalität sollte im Rausch der Gestaltung jedoch nicht zu kurz kommen. Denn in erster Linie sollen sich in den Töpfen die Kräuter wohlfühlen und in ihrer Schönheit zur Geltung kommen.

Zauberkräuter im Überblick

In der Ethnobotanik gelten einige tausend Kräuter als „Zauberkräuter". Jede Kultur hat ihre eigenen Schamanen-, Liebes- und Heilpflanzen. Die folgende Auflistung führt eine Auswahl der bekanntesten Volksheil- und Zauberpflanzen im europäischen Kulturkreis an. Eine auch nur annähernde Vollständigkeit ist aber auch unter diesem Gesichtspunkt nicht möglich.

Benennung	Beschreibung	Verwendung
Alraune Mandragora officinarum	Lange Wurzel, aus der die Blätter direkt herauswachsen. Natürliches Vorkommen in Süd- und Südosteuropa, Mittelmeerraum, Indien.	Aphrodisiakum; verwendet in Liebestränken und Hexensalben; Schamanenpflanze. Hoher Gehalt an Alkaloiden, starke psychoaktive Wirkung, bei starker Überdosis Tod durch Atemlähmung.
Anis Pimpinella anisum	Doldenblütler mit spindelförmiger Wurzel, schon seit dem Altertum als Kulturpflanze gezogen. Stammt aus Vorderasien, kommt heute in ganz Mitteleuropa verwildert vor.	Tee aus getrockneten Samen als Hausmittel gegen Verdauungsbeschwerden, Bronchitis, Reizhusten und Keuchhusten.

Benennung	Beschreibung	Verwendung
Arnika Arnica montana	Die goldgelben Blütenköpfe zieren zwischen Juni und August alpine Wiesen und viele Bauerngärten.	Nur äußerlich anwendbares Hausmittel gegen rheumatische Schmerzen, Sehnenscheiden- und Venenentzündung, Prellungen und Verstauchungen. Meist als Tinktur (aus Ansatz der frischen Blüten in Weingeist), seltener als Salbe (aus frischen Blüten in heißem Ziegenfett).
Basilikum Ocimum basilicum	Einjähriger Lippenblütler, in Indien seit 3000 Jahren aus kultischen Motiven kultiviert, intensiv duftend.	Gewürz; Blätter werden in der Volksmedizin für Tee zur Förderung der Milchsekretion, gegen Nervenschwäche und Blasenleiden verwendet. Im Hinduismus als Aphrodisiakum gebrauchte heilige Pflanze des Gottes Vishnu.
Baldrian Valeriana officinalis	Attraktive Wildstaude, kommt in ganz Mittel- und Südeuropa vor, bevorzugt feuchte Wiesen und Bachränder.	Baldrianwurzeln enthalten ätherische Öle, die für den typischen Geruch verantwortlich sind. Verwendet für Tee gegen Krämpfe, Menstruationsbeschwerden, Migräne und psychische Probleme wie Schlaflosigkeit, Angst- und Erregungszustände. Die Tinktur (30 Gramm zerkleinerte Wurzel in 100 Milliliter Weingeist drei Wochen angesetzt) wirkt rascher und stärker als Tee.

Benennung	Beschreibung	Verwendung
Beifuss Artemisia vulgaris	Staudenartiger Korbblütler, der auf Ödflächen vorkommt. Gehört, wie auch der Wermut, zur Familie der Artemisia.	Zauberkraut; in Ägypten der Isis, in der klassischen Antike der Artemis/Diana, in Indien der Göttin Shiva geweiht. Aphrodisiakum; mild narkotisch; auch für Räucherungen und als Badezusatz. Als Heiltee verdauungsfördernd, nervenstärkend, mildert Spannungszustände; wirkt gegen Menstruationsbeschwerden, in hoher Dosierung abortiv.
Benediktendistel Cnicus benedictus	Der Korbblütler mit seinen stacheligen Blättern kommt in Mittel- und Südeuropa an sonnigen, aber trotzdem feuchten Standorten vor. Von Juni bis August trägt er filzige, gräulich-gelbe Blütenköpfe.	Das blühende Kraut hat Tradition als Mittel gegen Durchfall und andere Verdauungsstörungen, Magenkrämpfe und zur Förderung der Gallensekretion. Äußerlich wird die Abkochung zur Wundheilung angewendet.
Bilsenkraut Hyoscyamus niger	Das meist zweijährige, zwischen 20 und 80 Zentimeter hohe Nachtschattengewächs kommt an trockenen, sonnigen Standorten von Mitteleuropa bis nach Indien vor. Zwischen Juni und September trägt es gelbliche Blüten mit violetten Adern. Die vielen kleinen Samen findet man in Deckelkapseln.	Das Bilsenkraut ist eine der berühmtesten Schamanenpflanzen Europas und Asiens. Seit vorgeschichtlicher Zeit wird es wegen seiner bewußtseinserweiternden und aphrodisierenden Wirkung geschätzt. Eine stärkere Überdosis führt nach krampfhaftem Erbrechen und Schock zum Tod durch Atemlähmung.

Benennung	Beschreibung	Verwendung
BLUTWURZ Potentilla tormentilla	Das typische europäische Rosengewächs kommt auf feuchten Wiesen, Mooren und in lichten Laubwäldern vor. Zwischen Mai und August trägt das unscheinbare Pflänzchen gelbe, vierblättrige Blüten.	Volksmedizinisch genutzt wird der Wurzelstock mit seinem roten, ätherisch duftenden Mark, der während der Blütezeit ausgegraben und in Teile zerkleinert getrocknet wird. Der Aufguß oder Absud wirkt adstringierend, ist ein bewährtes Mittel gegen Durchfall und äußerlich gegen Hämorrhoiden, Rachenentzündung und Zahnfleischbluten.
BRENNESSEL Urtica dioica	Sie ist eines der bekanntesten Kräuter, die als „Unkraut" verunglimpft werden. Auf Ödflächen, an Wald- und Feldrändern ist sie meist die dominierende Pflanze.	Die jungen Blätter werden als Tee aufgebrüht, der entschlackend, kräftigend und adstringierend wirkt. Er mildert Hautausschläge und bringt Hautunreinheiten zum Verschwinden.
BRUNFELSIE Brunfelsia species	In Südamerika kommen zahlreiche Arten vor, die teilweise bis zu drei Meter hoch werden. Einige kleinere Arten sind als Zierpflanzen im Garten und in Töpfen beliebt und entsprechend weit verbreitet.	Die Brunfelsie gilt bei den Amazonasindianern als Götterpflanze. Aus ihrer Wurzel gewinnen sie einen Absud, der Schlangengifte neutralisiert. Die violetten Blüten, die Blätter und Wurzeln werden zu einem haluzinogen wirkenden Aphrodisiakum verkocht. Die Schamanen rauchen die getrockneten Blütenblätter als „Reisekraut" für ihre Jenseitsbesuche.

Benennung	Beschreibung	Verwendung
Damiana Turnera diffusa	Der kleine Strauch, ursprünglich nur in Süd- und Mittelamerika heimisch, wird wegen seines aromatischen Duftes gerne als Zierpflanze im Topf gezogen.	Das ätherische Öl, das in der ganzen Pflanze vorhanden ist, ist ein mild berauschendes, aber stark anregendes Aphrodisiakum. Am wirksamsten ist der alkoholische Auszug von Blättern und Blüten. Die getrockneten Blätter können aber auch gemeinsam mit Tabak geraucht werden, auch ihr Aufbrühen als Tee ist gebräuchlich.
Einbeere Paris quadrifolia	In Auen und feuchteren Laubwäldern wächst das unscheinbare, niedrige Kraut, das eigentlich nur aus vier elliptischen Blättern besteht. Im Spätsommer bildet sich auf dem kurzen Stengel in deren Mitte die eine schwarze Beere.	Neben seiner Verwendung als Heilmittel gegen die Pest sind Blätter und Früchte der Einbeere auch als Zutat zur Hexensalbe bekannt. Alle Teile der Pflanze sind giftig und können bei empfindlicher Überdosis das Nervensystem schädigen.
Eisenhut Aconitum napellus	Im Alpenraum wächst der Blaue, rund um das Mittelmeer vorwiegend der Gelbe Eisenhut. Außer in der Farbe unterscheiden sich die beiden Arten kaum. Sie werden über einen Meter hoch, die Blüten bilden dichte Trauben und nach dem Verblühen kleine Kapseln mit schwarzen Samenkörnern aus. In vielen Hausgärten als Zierpflanze zu finden.	Der Eisenhut enthält in allen seinen Teilen das stärkste aller Pflanzengifte, das Aconit, das seit dem Altertum dementsprechend genutzt wurde. In der Hexenmedizin auch als Heilmittel verwendet, vor allem als Tonikum zur Einreibung bei Neuralgien. Die Dosierung ist jedoch heikel, da bereits zwei Gramm der getrockneten Wurzel als tödliche Dosis gelten.

Benennung	Beschreibung	Verwendung
EISENKRAUT Verbena officinalis	Das bis zu 60 Zentimeter hohe, zartgliedrige Kraut wächst in ganz Mitteleuropa und im Mittelmeerraum an Hecken, Wald- und Wegrändern und auf Ödflächen. Es blüht im Juli, soll kurz vor der Blüte gesammelt und rasch im Schatten getrocknet werden.	Eisenkraut hat allgemein stärkende Eigenschaften, auch als Zusatz zu Liebestränken, wurde von den altägyptischen Priesterinnen der Isis genauso verwendet wie von den keltischen Druiden und galt überall als heiliges Kraut. Der Eisenkrauttee wirkt gegen Melancholie, er heilt Gelbsucht und mildert Anfälle bei Gallenbeschwerden.
ENGELSTROMPETE Brugmansia aurea	Die kleinen Büsche werden in Südamerika bis zu vier Meter, als Zierpflanze in europäischen Gärten und als Kübelpflanze nur etwa halb so hoch. Trotzdem bilden sie auch hier ihre wunderschönen, riesengroßen gelben Trichterblüten aus und verbreiten abends einen betörend süßen Duft. Die Kübelpflanzen bilden nur selten Samen aus und müssen deshalb über Stecklinge vermehrt werden.	Die Engelstrompete ist eine der wichtigsten Schamanenpflanzen Südamerikas. Ein Teeaufguß der Blätter wirkt stark haluzinogen und wird von den Schamanen benutzt, um mit den Geistern der Ahnen zu kommunizieren. Die getrockneten Blätter und Blüten werden auch geraucht, um erotische Empfindungen bis zu ekstatischer Heftigkeit zu steigern. Ein milder, aber anhaltender wirksames Aphrodisiakum erhält man durch Einlegen der Blüten in Wein oder durch deren Verwendung im Kräuterbad. Weil alle Teile der Pflanze hochwirksame Alkaloide enthalten, kann eine Überdosierung zu schweren Vergiftungen führen.

Benennung	Beschreibung	Verwendung
Fingerhut Digitalis purpurea	Der Rote Fingerhut wächst auf kalkarmen Ödflächen, an Wald- und Wegrändern und ist wegen seiner rosabis purpurfarbenen Blütenkerzen eine beliebte Zierpflanze. Nach der Blüte zwischen Juni und August bildet er grüne Kapseln mit kleinen Samenkörnern aus.	Der Rote Fingerhut ist die herzwirksamste Heilpflanze, aber zugleich ein tödliches Gift. Etwa ein Gramm der getrockneten Blätter führen bereits zum Herzstillstand. Wegen der äußerst heiklen Dosierung sind kaum Anwendungen in der Volksmedizin bekannt. Die Blüten scheinen vereinzelt in Rezepten für Hexensalben auf und wirken in geringer Dosis psychoaktiv. Wegen der Gefahr einer tödlichen Vergiftung wurden sie jedoch selbst von den Kräuterfrauen gemieden.
Ginseng Panax ginseng	Stammt ursprünglich aus den Gebirgswäldern der Mandschurei, wird aber seit mindestens 2000 Jahren in China angebaut. In Aussehen und Eigenschaften der Alraune sehr ähnlich. Der in Nordamerika vorkommende amerikanische Ginseng (Panax quinquefolius) ist größer, hat deutlich gegliederte Blätter, ist in Wirkung und Tradition der Anwendung aber mit dem asiatischen Ginseng vergleichbar.	Der Ginseng gehört zu den bekanntesten Aphrodisiaka und ist der Hauptbestandteil industriell hergestellter Liebesturbolader. Er hat als Schamanenpflanze im ostasiatischen Raum, vor allem in China, eine viele Jahrtausende überspannende Tradition. Psychoaktive Wirkstoffe enthält der Ginseng nicht, dafür eine gewaltige Menge an Enzymen, Zucker, Vitaminen und pflanzlichen Hormonen, die für seine aphrodisierende, antidepressive und kreislaufstärkende Wirkung bestimmend sind.

Benennung	Beschreibung	Verwendung
Granatapfel Punica granatum	Das kleine Apfelbäumchen stammt vom indischen Subkontinent, wurde aber schon um 3200 v. Chr. von den alten Ägyptern in Gärten kultiviert. Es ist auch als Topfbäumchen gut geeignet. Die tiefroten Trichterblüten sind eine Augenweide. Sie bleiben im Ansatz auch auf den Früchten erhalten.	Der Granatapfel ist das Aphrodisiakum der Bibel und der klassischen Antike. Der Fruchtsaft enthält große Mengen an Vitaminen, Eiweiß, Fett, Zucker und Fruchtsäuren, gilt als Stärkungsmittel für alle Zwecke und natürlich auch für die Liebe. Auch die Kerne des Granatapfels sind eßbar.
Hanf Cannabis sativa	Die älteste und bedeutendste Kulturpflanze der Weltgeschichte ist auf der ganzen Erde heimisch. Die zweihäusige Pflanze kann bis zu fünf Meter hoch werden. Die männlichen Pflanzen mit den Staubblättern sind jedoch kleiner und gehen nach dem Abstoßen des Blütenstaubes meist ein. Die weiblichen Pflanzen sind dagegen robust und widerstandsfähig	Hanf ist so vielseitig, daß er für den Menschen an der Schwelle zur Kultur die Universalpflanze war: Lieferant von Fasern, von Heilmitteln und voller Zauberkraft. Von China, wo Hanf schon vor 5000 Jahren in Plantagen angebaut wurde, über Indien und den Orient bis nach Europa war Hanf bis zu seiner Verdammung als „Suchtgift"-Lieferant die bedeutendste Nutzpflanze. Als Zauberpflanze liefert Hanf vor allem die Blütenstände, die getrocknet als Marihuana geraucht werden, das von den Blüten abgesonderte Harz (Haschisch) und die Blattspitzen. Alle Anwendungen wirken aphrodisierend, stimmungsaufhellend und mild psychoaktiv.

Benennung	Beschreibung	Verwendung
Herbstzeitlose Colchicum autumnale	Die in ganz Europa bekannte Knollenpflanze entfaltet nach der Tag- und Nachtgleiche des Herbstes ihre zartlila Blüten. Die Blätter erscheinen im Frühjahr, bevor sich zwischen Mai und Juni die Fruchtkapseln mit den kleinen, schwärzlichen Samenkörnern ausbilden.	Der lateinische Name Colchicum verweist auf Colchis, die Heimat der antiken Zauberin Medea. Die extrem giftigen Samen – schon vier Gramm sind tödlich – wurden von alters her für Morde und Selbstmorde verwendet. Giftig sind allerdings auch die Blätter, die wegen ihrer Form manchmal mit jenen des Bärlauchs verwechselt werden. Allerdings riecht Bärlauch intensiv nach Knoblauch, die Blätter der Herbstzeitlose sind dagegen geruchlos.
Ingwer Zingiber officinarum	Die knollige, kriechende Wurzel des über einen Meter hohen Krautstengels mit seinen schmalen Blättern ist ein bekanntes Gewürzmittel und wird aus diesem Grund in Südostasien auf Plantagen angebaut.	Besonders in der traditionellen chinesischen Medizin ist die Ingwerwurzel von Bedeutung. Als Aphrodisiakum wird sie in ganz Asien und in den arabischen Ländern genutzt und sogar im Koran erwähnt. Ein heute sehr beliebter Liebestrank ist die „Ingwer-Bloody Mary“: In feine Scheiben geschnittene Ingwerwurzel wird einen Tag lang in Wodka ansetzt, dann kurz aufgekocht, abgeseiht und mit Tomatensaft aufgegossen. Mit einer Spur Pfeffer und einem Petersilienstengel servieren!

Benennung	Beschreibung	Verwendung
Johanniskraut Hypericum perforatum	Die kleine, zähe Staude gehört zu den Hartheugewächsen. Sie kommt auf mageren Wiesen und Ödflächen mit viel Sonne vor – von der Mittelmeergegend bis in mittlere Alpenregionen.	Johanniskraut blüht ab der Sommersonnenwende. Die goldgelben Blütenstände werden im Ölauszug zum Johanniskrautöl, das besonders bei Sonnenbrand und Brandwunden von hoher Heilkraft ist. Blüten und Kraut werden für den Tee getrocknet. Er hat nachgewiesene Wirkung gegen Depressionen, Angst- und Spannungszustände, gilt als besonders wirkungsvolles Mittel gegen Beschwerden der Wechseljahre, lindert Schmerzen bei Ischias und rheumatischen Beschwerden und wird äußerlich für entzündungshemmende Kompressen verwendet.
Knabenkraut Orchis Morio	Eine heute selten gewordene europäische Orchideenart mit einem knolligen Wurzelstock. Meist hat eine Pflanze zwei Knollen, die früher Knaben genannt und mit den Hoden gleichgesetzt wurden. Wild wachsendes Knabenkraut steht unter Naturschutz. Es gedeiht aber sehr gut als Topfpflanze.	Die paarige Knollenwurzel galt schon im klassischen Altertum und im alten Orient als machtvolles Aphrodisiakum. Im alten Griechenland hieß es „Satyrion", weil es aus jedem Mann einen lüsternen Satyrn machen soll. Die ayurvedische Medizin lehrt, daß die Knabenkrautknollen den Samen des Mannes vermehren und damit für hohe Zeugungskraft sorgen.

Benennung	Beschreibung	Verwendung
Koriander Coriandrum sativum	Diese uralte Kulturpflanze wird in den warmen und gemäßigten Klimazonen der ganzen Welt angebaut. Auf dem hohen Stengel bilden sich weißliche Blüten in Doppeldolden. Die Samen lassen sich im reifen Zustand leicht ausschütteln. Sie sind meist zusammengewachsene Doppelkugeln, die zerrieben als Gewürz verwendet werden.	Wie viele Gewürze gilt auch Koriander als Aphrodisiakum. Schon Dioskurides empfiehlt den Männern, Koriander in Wein zu verrühren, weil er den Samen vermehre. Die aromatischen Öle verbreiten einen typischen Geruch, sind aber sehr lichtempfindlich. Als Heilmittel wird Koriandertee gegen Kolik und Blähungen verwendet.
Lattich Lactuca virosa	Das zweijährige Kraut gedeiht an Wald- und Wegrändern in ganz Europa, dem Mittelmeerraum und Nordamerika und kann bis zu zwei Meter hoch werden. Die gezackten Blätter und die Stände der großen, hellgelben Blüten treten aus dem geraden, glatten Stengel hervor. Die schnabelförmigen Früchte tragen typische silbrige Haarbüschel.	Schon im alten Ägypten galt der Lattich als heilige Pflanze und Insignum des Fruchtbarkeitsgottes Min. Er wird mit einem Lattichstengel dargestellt. Im Stengel des Lattichs befindet sich ein milchiger Saft, der zu „Lattichopium“ getrocknet und von den nordamerikanischen Medizinmännern in der Schamanenpfeife geraucht wird. Das im Saft enthaltene Lactucin ist ein morphinähnliches Alkaloid, das eine starke psychoaktive Wirkung entfaltet. In Europa wurden die getrockneten Blätter oder Samen als „Reisekraut“ für schamanische Räucherungen benutzt. Der Milchsaft aus dem Stengel wird öfters als Zutat von Hexensalben genannt.

Benennung	Beschreibung	Verwendung
Melisse Melissa officinalis	Das beliebte Bauerngartenkraut war früher wegen seines Zitronengeschmacks ein unentbehrliches Gewürzkraut. Es ist von einer beachtlichen Frohwüchsigkeit. Hat es einmal Wurzeln geschlagen, vermehrt es sich ungehemmt. Was ein Vorteil ist, denn so kann ihr glücklicher Besitzer ständig das Kraut für frischen Melissentee schneiden!	Melissentee schmeckt nicht nur vorzüglich – auch als Eistee –, er hat auch beachtliche Heilwirkung, vor allem gegen seelische Verstimmungen wie Angst- und Spannungszustände, Streßreaktionen und depressiven Zustände. Melisse stärkt Herz und Kreislauf. Sie bewirkt eine leichte Erweiterung der äußeren Blutgefäße, wodurch der Blutdruck sinkt.
Mistel Viscum alba	Das berühmte Allheilmittel der keltischen Druiden wächst parasitär auf Bäumen, vor allem auf Eichen. Zur Vermehrung ist die Mistel auf Vögel angewiesen. Sie fressen die Beeren und scheiden die Samen mit dem Kot aus.	Die Mistel war neben dem Eisenkraut das wichtigste Heilmittel der Druiden, ihre immense Heilkraft ist auch in der heutigen Schulmedizin anerkannt. Sie regelt den Kreislauf, stärkt die Wände der äußeren Kapillargefäße, beruhigt überreizte Nerven und wirkt der Tumorbildung entgegen. Der Misteltee darf nur im kalten Ansatz hergestellt werden – etwa zehn Stunden in kaltem Wasser ziehen lassen, abseihen und trinken –, aufkochen zerstört einen Teil der Wirkstoffe.

Benennung	Beschreibung	Verwendung
Muskatellersalbei Salvia sclarea	Die zweijährige Salbeiart wird im zweiten Jahr über einen Meter hoch und trägt angenehm duftende, zartlila Blüten. Sie läßt sich sehr einfach aus Samen ziehen, im Garten sät sich ein einmal vorhandener Muskatellersalbei meist selbst aus.	Dioskurides erwähnt den Muskatellersalbei als Weingewürz, das zur Liebeslust anrege. Wegen dieser Wirkung und seines angenehmen Duftes wurde das getrocknete Kraut auch in Mischungen mit Bilsenkraut, Hanf und Stechapfel geraucht. Kräuterbädern verleihen seine ätherischen Öle eine betont sinnliche Note.
Muskatnuss Myristica fragrans	Der in Afrika und Asien heimische Baum wird in der tropischen Klimazone auf Plantagen angebaut. Auch ausgewachsene Exemplare liefern pro Jahr nur eine einzige Frucht.	Muskatblüte und Muskatnuß sind begehrte Gewürze, aber auch wegen ihrer berauschenden und aphrodisierenden Wirkung bekannt. Die Blüten werden Kräuterbädern zugesetzt, aber auch häufig als Marihuana-Ersatz geraucht oder als Tee aufgebrüht.
Nachtschatten Solanum nigrum	Der Schwarze Nachtschatten ist eine einjährige Pflanze, die zwischen 15 und 50 Zentimeter hoch wird und in ganz Europa an trockenen und sonnigen Standorten wie Ödflächen und Wegrändern zu finden ist. Blütezeit zwischen Juni und Oktober, Reifezeit der Beeren im September und Oktober.	Plinius berichtet, daß das Kraut des Nachtschattens und seine unreifen Beeren – sie weisen den höchsten Wirkstoffgehalt auf – von den thessalischen Hexen zu einem Trank verkocht wurden, der heftige unzüchtige Vorstellungen und Begierden erweckte. Die unreifen Beeren gelten auch als Zutat zu Hexensalben.

Benennung	Beschreibung	Verwendung
Nieswurz Helleborus officinalis	Das seit dem Altertum berühmte Heil-, Gift- und Zauberkraut ist in Europa vor allem unter dem schlichten Namen Schneerose bekannt. Damit ist die Schwarze Nieswurz gemeint. Die Weiße Nieswurz, auch Weißer Germer (Veratrum album) genannt, hat ebensolche Bedeutung und Wirkung, aber eine völlig andere Wuchsform, wird über einen Meter hoch und blüht von Juni bis August. Die weißen oder schwach rosa Blüten der Schneerose sind die ersten Blüten des Frühlings und erscheinen bereits im Februar, oft noch zwischen Schneeresten. Die Nieswurz gedeiht in ganz Europa und Asien in Laubmischwäldern und ist eine beliebte Zierpflanze in den Gärten.	Für Heil- und Zauberzwecke wurde vor allem die kräftige Wurzel der Schneerose getrocknet und zu Pulver zerrieben. Die Schamanen zentralasiatischer Völker rauchen eine Mischung aus Nieswurzpulver und getrocknetem Fliegenpilz, um sich auf die Jenseitsreise zu begeben. Eine ähnliche Wirkung erreicht man durch Zugabe der pulverisierten Wurzel zu Schnupftabak. Die getrockneten Samen dienten den griechischen Hellseherinnen als Räuchermittel. Die frische oder getrocknete Wurzel, aber auch die Blätter und Blüten sind häufig genannte Zutaten zu den Hexensalben. Eine Mischung aus getrockneten Nieswurzblättern und Honig galt als Mittel zur Erhaltung der Jugend. Als Aphrodisiakum wurde die unzerteilte Wurzel in Wein eingelegt. Die Alkaloide in allen Teilen der Pflanze machen die Anwendung nicht ungefährlich – eine Überdosierung kann zu schweren Vergiftungen und sogar zum Tod durch Atemlähmung führen.

Benennung	Beschreibung	Verwendung
Ringelblume Calendula officinalis	Die traditionelle Bauerngartenblume findet man vielerorts auch verwildert auf Schutthalden, Ödflächen oder trockenen Feldrainen. Sie stammt ursprünglich aus dem Mittelmeerraum, wurde aber bereits von Hildegard von Bingen für die Wundbehandlung empfohlen.	Die Blüten der Ringelblume werden in Schmalz, Butterschmalz oder Ziegenfett gesotten und so zur Ringelblumensalbe, einem der wichtigsten Volksheilmittel bei allen äußeren Verletzungen, Prellungen, Verbrennungen, Zerrungen und Hautgeschwüren. Der Ringelblumentee wirkt innerlich und der stärkere Absud äußerlich gegen Pilzinfektionen.
Rosmarin Rosmarinus officinalis	Der Duft des ursprünglich mediterranen, kleinwüchsigen Strauches mit seinen kleinen nadelartigen Blättern ist in der Mittagssonne so betörend, daß ihn die römischen Seeleute schon rochen, bevor sie die Mittelmeerküste sahen. Davon kommt auch sein Name, denn Ros marinus heißt Tau des Meeres. Mit den Römern kam er in die milderen Gegenden Mitteleuropas. Er ist eine traditionelle Bauerngartenpflanze und wird in Lagen mit rauherem Klima seit jeher in Kübeln gezogen.	Die frischen oder getrockneten Blätter des Rosmarins sind ein unentbehrliches Küchengewürz. Rosmarin hat aber auch eine lange Tradition als Volksheilmittel und als Aphrodisiakum. Der Rosmarintee regt den Kreislauf an und fördert die Verdauung. Der stärkere Absud war jedoch eines der klassischen Abtreibungsmittel der Hexenhebammen. Im Altertum wurde der Wein mit Rosmarin gewürzt zum Anreger der Liebeslust. Bäder in Rosmarinabsud duften nicht nur sinnlich, sie wirken auf den gesamten Organismus anregend.

Benennung	Beschreibung	Verwendung
Safran Crocus sativus	Der Safran ist eine Krokusart, in seinem Aussehen mit dem Gartenkrokus vergleichbar, und wird wie dieser aus Zwiebeln gezogen. Er gilt seit dem Altertum als reine Kulturpflanze, ein natürliches Vorkommen ist nicht bekannt. Verwendet werden nur die getrockneten Blütengriffel.	Der Safran ist heute vor allem als Kuchengewürz bekannt. Das ist aber wahrhaft eine Verniedlichung. Seine mehrtausendjährige Tradition als Aphrodisiakum zeichnet ein ganz anderes Bild. Im Ayurveda wird ihm nach der Elementenlehre die Eigenschaft „heiß“ zugeschrieben und seine Verwendung empfohlen, um den Geschlechtstrieb junger Männer zu wecken. Wein mit eingelegten Safranfäden wurde in der Antike schwangeren Frauen zur Kräftigung des Uterus empfohlen. Römer und Griechen vertraten die Ansicht, daß Safran vor allem bei Frauen die Begierde wecke. Die getrockneten Safranfäden wurden von den indischen Sufis wie Opium in der Wasserpfeife geraucht. Das dabei inhalierte ätherische Öl des Safrans führt zu heftiger Erregung und lange anhaltenden Orgasmusgefühlen.

Benennung	Beschreibung	Verwendung
Schafgarbe Achillea millefolium 	Das kräftige Kraut mit seiner typischen Blütenkrone gedeiht in ganz Eurasien und Nordamerika auf sonnigen und trockenen Wiesen und Waldlichtungen. Die Schafgarbe blüht zwischen Juni und September. Während dieser Zeit kann der ganze oberirdische Teil gesammelt werden.	Je stärker die Sonneneinstrahlung, umso größer ist der Gehalt der Schafgarbe an jenem bitteraromatischen ätherischen Öl, das sie seit der Antike zum vielgerühmten Heilmittel macht. Volksmedizinisch wird ihre schweißtreibende, blutdruck- und fiebersenkende, harntreibende und antiseptische Wirkung genutzt. Die Schafgarbe hat aber auch Tradition als Schamanenkraut. Die Orakelstäbe des chinesischen I-Ging sind Schafgarbenstengel. In der Antike war der Schafgarbenwein sowohl Anregung als auch Stärkungsmittel für die Liebesnacht.
Schierling Cicuta virosa	Die Pflanze, die eigentlich Wasserschierling heißt, wächst an Ufern von Bächen und Teichen und könnte mit Kümmel verwechselt werden, wenn nicht ihr abstoßender Geruch nach Mäuseharn wäre. Im Volksmund heißt der Schierling deshalb „Stinkender Wüterich". Er wird über einen Meter hoch, blüht zwischen Juli und September und hat einen ausgeprägten, knolligen Wurzelstock.	Der Schierling wird häufig als Hexenkraut angesehen. Es gibt jedoch keine einzige belegbare Verwendung des Schierlings in Magie oder Volksheilkunde. Der Absud der Wurzel, der berühmt-berüchtigte Schierlingstrank, ist das Todesgift der Antike, mittels dessen Hinrichtungen durchgeführt wurden. Der Hauptbestandteil, das Krampfgift Cicutoxin, wirkt lähmend auf das Großhirn.

Benennung	Beschreibung	Verwendung
Seerose Nymphaea spp.	In vielen verschiedenen Unterarten kommt die Seerose in Europa, Asien, Nord- und Mittelamerika vor. Die vor allem in Mittel- und Südeuropa heimische Weiße Seerose (Nymphaea alba) ist eine beliebte Zierpflanze in Gartenteichen und Parkanlagen.	In der altägyptischen Kultur spielt die Blaue Seerose (Nymphaea caerula) eine Rolle, vermutlich in der Magie. Sie dürfte ähnlich wie der blaue Lotus als Symbol des Todes und der Wiedergeburt gelten. Die Seerosenblüte enthält geringe Mengen an Alkaloiden, darunter Atropin und Nupharin, die Erregungszustände auslösen können.
Stechapfel Datura spp.	Der Stechapfel ist eine krautige Pflanze mit großen, trichterförmigen, aufrecht stehenden Blüten und kastaniengroßen stacheligen Früchten. In verschiedenen Unterarten kommt er weltweit vor. Die Blüten verwelken meist schon nach ein bis zwei Tagen. Am Abend duften sie betörend.	In allen Teilen der Pflanze, vor allem aber in den Blüten und Früchten, sind die psychoaktiv wirksamen und in höherer Dosis giftigen Tropan-Alkaloide enthalten. Als Aphrodisiakum ist der Stechapfel weltweit bekannt, und das seit dem Altertum. Wer den Stechapfel als Topfpflanze zieht, hat das Privileg, die frischen Blüten dem Badewasser beigeben zu können. Traditionelle Anwendungen sind das Aufkochen des Samens – von dem sich zwei Körner in jeder Frucht finden – in Wein als Liebestrank oder das Rauchen der Blätter. Der Tee aus den getrockneten Blüten wird zur Auslösung schamanischer Trance genutzt.

Benennung	Beschreibung	Verwendung
Steppenraute *Peganum harmala*	Die enge Verwandte der europäischen Weinraute kommt in allen Trockengebieten zwischen dem Mittelmeerraum und den innerasiatischen Steppen vor. Sie wächst sich zu einer fast meterhohen Staude mit feingliedrigen Blättern aus. Als Topfpflanze reicht ihre Tradition bis in die mittelalterlichen Apothekergärten.	Schon Dioskurides erwähnt die Steppenraute als machtvolles Heil- und Zauberkraut, das auch gegen den Bösen Blick schütze. In dieser Funktion wird sie heute noch in den Mittelmeerländern, vor allem in der Türkei, verwendet und von jedem Kräuterhändler angeboten. Von den Schamanen der zentralasiatischen Turkvölker wird berichtet, daß sie in der Trance durch die Räucherung mit Steppenrauten-Samen in wollüstigen Kontakt mit den Feen treten konnten. Sicher ist jedenfalls, daß die in den Samen enthaltenen Beta-Carboline Phantasie und Vorstellungskraft fördern.
Thymian *Thymus vulgaris*	Der Feldthymian wächst im mediterranen Klima zu intensiv duftenden Büschen heran, sein mitteleuropäischer Verwandter, der Quendel, wird nur etwa 20 Zentimeter hoch. Aus beiden Arten entstand der weit verbreitete Gartenthymian.	Der Thymian wird von alters her nicht nur als Gewürz, sondern auch volksmedizinisch genutzt. Durch den hohen Gehalt an ätherischen Ölen wirkt er antiseptisch, wird äußerlich bei eiternden Wunden und innerlich bei Infektionen der Atemwege und des Verdauungstraktes, bei Halsschmerzen und Reizhusten verwendet. Dem Kräuterbad gibt er eine zart duftende Note.

Benennung	Beschreibung	Verwendung
Tollkirsche *Atropa belladonna*	Die in ganz Europa, Asien und Nordafrika auf kalkigem Boden vorkommende mehrjährige Pflanze wird etwa einen Meter hoch, hat kleine, rötliche, einzeln stehende Blüten und glänzende, schwarze, etwa kirschgroße Früchte.	Schon bei den Sumerern war die Tollkirsche als Heilmittel bekannt. Bei den alten Griechen galt sie als Schwester der Alraune. Die zerdrückten Früchte wurden in Wein genossen als Aphrodisiakum genutzt. Heftiger wirkte jedoch der Liebestrank, der von den thessalischen Hexen zubereitet wurde: Sie kochten die zerkleinerte Wurzel der Tollkirsche in Wein. Dieser Trank soll sexuelle Tollheit bewirkt haben, häufig aber auch Delirium mit bleibenden psychischen Schäden und durch Überdosierung auch den Tod durch Atemlähmung. Diese Gefahr besteht bei der Verwendung aller Pflanzenteile wegen des hohen Gehalts an Alkaloiden, vor allem Atropin. Wegen der tollmachenden – also ekstatischen – Wirkung wird die Tollkirsche von alters her zu den Hexenkräutern gezählt und auch als Bestandteil der Hexensalben erwähnt.

Benennung	Beschreibung	Verwendung
Tollkraut Scopolia carniolica	Dieses Nachtschattengewächs wird über einen halben Meter hoch, hat einen glatten, fleischigen Stengel, stark geäderte Blätter und aus den Blattachsen hängende violette Blüten. In Mittel- und Südosteuropa ist es weit verbreitet, vorwiegend in schattigen Mischwäldern und Aulandschaften.	Das auch als Glockenbilsenkraut bekannte Gewächs wird ähnlich wie Stechapfel, Bilsenkraut und Tollkirsche verwendet. Alle Pflanzenteile enthalten Tropan-Alkaloide. Vor allem die Wurzel wird häufig im Zusammenhang mit den Hexensalben genannt und ähnlich wie die Wurzel der Tollkirsche als Aphrodisiakum gebraucht.
Weinraute Ruta graveolens	Die stark duftende kleinwüchsige Staude stammt ursprünglich aus dem Mittelmeerraum und kam mit den Benediktinermönchen in die Klöster nördlich der Alpen. Ihre gelben Blüten, die sie ab Juni zeigt, machen sie auch aus optischen Gründen zu einer beliebten Gartenpflanze.	Die Weinraute gilt als Gewürzkraut für Wild und Lamm. Ihre Verwendung als Heil- und Zauberkraut hat eine ähnliche Tradition wie die Steppenraute. Zu Beginn der Blüte pflückt man die Blättchen und trocknet sie im Schatten. Der intensive aromatische Duft macht sie zu einem sinnlichen Badezusatz. Die frischen Blätter rufen durch Berührung mit der Haut häufig Ausschläge mit Blasenbildung hervor, deshalb sollte man nur getrocknete verwenden. Tee aus Weinrauteblättern gilt als beruhigendes und schlafförderndes Mittel, mildert Menstruationsbeschwerden, wurde als hochdosierter Absud aber auch zur Abtreibung verwendet.

Hinweise zur Verwendung von Kräutern

Die einfachste und am leichtesten dosierbare Art Kräuterwirkstoffe zu nutzen, ist der Aufguß als Tee. Als besonders wirkungsvoll gelten für bestimmte Zwecke Mischungen aus verschiedenen Kräutern, denn offensichtlich ist die Wirkung einer Mischung mehr als die Summe aus der Wirkung der einzelnen Kräuter. Man kann von einer Art Synergieeffekt ausgehen.

Es gibt unzählige Rezepte für Teemischungen für alle nur denkbaren Zwecke. Für die Zubereitung aus getrockneten Kräutern gilt allgemein: Pro Tasse einen leicht gehäuften Eßlöffel der Kräutermischung mit kochendem Wasser übergießen und zwischen 10 und 12 Minuten ziehen lassen. Bei frischen Kräutern verwendet man die doppelte Menge und läßt sie nur 8 bis 10 Minuten ziehen.

Bei den folgenden Beispielen für Teemischungen bezeichnet die Ziffer in Klammer den Mischungsanteil, beispielsweise Schafgarbe (2) heißt 2 Mengenteile dieses Krautes. Die Gesamtmenge der Mischung ist jeweils die Summe aller Mengenteile.

Teemischungen für die Hautpflege von innen

Bei einer kurmäßigen Anwendung sollte man über drei Wochen hinweg täglich drei Tassen des jeweiligen Tees trinken. Dann eine Woche Pause und das Ganze noch einmal. Dabei sollte man auf die Mondphase achten: Pflegende und hautreinigende Teekuren beginnt man am besten zwei Tage nach Vollmond; sie dauern dann die gesamte abnehmende Phase des Mondes über Neumond hinweg bis fünf Tage vor dem nächsten Vollmond. Teekuren, die dem Körper Stoffe zuführen, beginnt man dagegen am ersten Tag des zunehmenden Mondes. Die drei Wochen ziehen sich dann über Vollmond bis zur Mitte des abnehmenden Mondes. Der Mond beeinflußt den Wasserpegel im gesamten Organismus – es macht also Sinn, die Mondphase bei Teekuren zu berücksichtigen.

Für einen klaren Teint bei normaler Gesichtshaut:

- Brennessel (2) + Löwenzahnwurzel (1) + Melisse (1)
- Brennessel (3) + Kornblume (1) + Kamille (1) + Waldmeister (1)
- Brennessel (2) + Brombeerblätter (2) + Holunderblüten (1)

- Kamille (2) + Erdrauch (1) + Kalmuswurzel (1) + Kornblume (1)
- Brennessel (2) + Birkenblätter (1) + Fenchel (1) + Schlehdornblüten (1)

Gegen zu fette Gesichtshaut:

- Weißdornblüten (2) + Frauenmantel (1) + Klette (1) + Schachtelhalm (1)
- Weißdornblüten (2) + Brombeerblätter (1) + Rosmarin (1) + Thymian (1)
- Brennessel (2) + Birkenblätter (1) + Eisenkraut (2) + Hibiscus (2) + Kamille (1)

Gegen zu trockene und zu Rissen neigende Gesichtshaut:

- Labkraut (1) + Ringelblume (1) + Schafgarbe (2) + Tausenguldenkraut (1)
- Rosenblätter (2) + Schafgarbe (2) + Pfefferminze (1) + Holunderblüten (1)
- Rosmarin (1) + Königskerzenblüten (1) + Malvenblüten (1) + Kamille (2)

Gegen empfindliche und zu Rötungen neigende Gesichtshaut:

- Birkenblätter (1) + Brennessel (1) + Holunderblüten (2) + Schlehdornblüten (1)
- Löwenzahnwurzel (1) + Mariendistel (1) + Fenchelsamen (2)
- Mariendistel (1) + Holunderblüten (2) + Brennessel (1) + Faulbaumrinde (1)

Gegen Akne:

- Hagebutten (1) + Ackerschachtelhalm (2) + Löwenzahnblätter (1) + Brennessel (1) + Birkenblätter (1)
- Faulbaumrinde (1) + Ackerschachtelhalm (1) + Hauhechelwurzel (1)
- Fenchelsamen (2) + Lindenblüten (1) + Hagebutten (1) + Tamarinde (1)
- Anissamen (1) + Faulbaumrinde (2) + Kamille (2) + Kümmel (1) + Holunderblüten (2)

Zur Straffung alternder Haut:

- Goldrute (1) + Brennessel (2) + Birkenblätter (1) + Pfefferminze (1) + Kamille (2)
- Schafgarbe (1) + Birkenblätter (2) + Gartenraute (2) + Hirtentäschel (1) + Schlehdorn (1)
- Birkenblätter (2) + Enzianwurzel (1) + Lavendel (1) + Kamille (2) + Rosmarin (1) + Salbei (1)
- Ackerschachtelhalm (1) + Brennessel (2) + Faulbaumrinde (1) + Sennesblätter (1) + Kamille (2)

Gegen Altersflecken im Anfangsstadium:

- Ringelblume (3) + Brennessel (2) + Kamille (2)
- Frauenmantel (2) + Brennessel (1) + Tausendguldenkraut (1)

Gegen übermässige oder frühzeitige Faltenbildung:

- Brunnenkresse (2) + Kalmuswurzel (1) + Löffelkraut (1) + Wermut (1)
- Fenchel (2) + Melisse (1) + Schafgarbe (1) + Tausendguldenkraut (1) + Wermut (1)

Gegen übermässigen Achselschweiss:

- Johanniskraut (2) + Melisse (2) + Salbei (1) + Schafgarbe (1)

Teemischungen für das Liebesleben

Auch in gefestigten Beziehungen kommt es nach einiger Zeit trotz einer tiefen Verbundenheit öfters zu Problemen im sexuellen Bereich. Ab einem bestimmten Alter muß man sogar damit rechnen. Das liegt an den physiologischen Unterschieden zwischen den Geschlechtern – und an einem Umstand, den man gerne verschweigt: Jenem nämlich, daß Männer ab etwa 40 weniger Wert auf Sex legen, während bei Frauen ab diesem Alter das Bedürfnis nach Sex meist zunimmt. Etwa gleichaltrige Paare können dieser

Diskrepanz mit Teemischungen aus der „Hexenapotheke" entgegenwirken. Eine kurmäßige Anwendung mit drei Tassen pro Tag sollte zweimal drei Wochen dauern, mit einer Woche Pause dazwischen, und jeweils am ersten Tag nach Neumond beginnen.

Zur Steigerung der Potenz:

- Schafgarbe (1) + Damianakraut (2) + Pfefferminze (1) + Kamille (1) + Orangenblüten (2)
- Orangenblüten (1) + Kalmuswurzel (1) + Löwenzahnwurzel (1) + Petersilienwurzel (1) + Selleriewurzel (2)
- Petersilienwurzel (1) + Sassafraswurzel (1) + Orangenblüten (1)

Zur Steigerung der Vitalität und des sexuellen Interesses:

- Ingwerwurzel (2) + Brennesselwurzel (2) + Beinwell (1) + Zimtrinde (1)
- Sellerieblätter (1) + Damianablätter (1) + Ackerschachtelhalm (1) + Anissamen (1) + Beinwell (2)

Sinnliche Kräuterbäder

Ein höchst sinnlicher Genuß ist ein Bad mit Kräutern und Blüten. Man kann es auf zwei Art bereiten: als Absud, der dem Badewasser zugesetzt wird, oder als Kräuterbeutel im Badewasser. Wie intensiv das Bad sein soll, hängt von der individuellen Vorliebe ab. Als Richtlinie kann man etwa 200 Gramm für eine gut gefüllte Wanne annehmen.

Für den Absud werden die Kräuter in einem Topf mit Wasser übergossen. Man bringt das Wasser zum Kochen, rührt die Kräuter öfters um, zieht nach dem Aufwallen des Wassers den Topf von der Kochplatte und läßt den Sud etwa eine Viertelstunde ziehen, bevor man ihn abseiht und dem Badewasser zusetzt. Egal, aus welchen Kräutern der Badezusatz besteht – eine Handvoll Rosenblüten oder -knospen über das Wasser gestreut erhöht den Reiz ungemein. Es können natürlich auch andere Blüten oder Blütenblätter sein, wie etwa Weißdornblüten, Pfirsichblüten oder Veilchen.

Für den Kräuterbeutel sind vor allem sehr feingliedrige Kräuter oder Blüten geeignet. Gröbere Kräuter müssen aufgekocht werden, bei diesen reicht das heiße Badewasser allein meist nicht aus, um ihre Aromastoffe zu lösen.

Anregendes Kräuterbad:

- Rosmarin (3) + Lavendelblüten (2)
- Rosmarin (2) + Melisse (2) + Rosenblätter (1)
- Eberraute (2) + Rosmarin (1) + Thymian (1) + Pfefferminze (1)

Aufregendes Kräuterbad:

- Rosmarin (1) + Melisse (1) + Zimtstangen (3 Stück)
- Kalmus (3) + Gewürznelken (2) + Zimtstangen (3 Stück)
- Rosmarin (1) + Damianablätter (2) + Muskatellersalbei (1)

Entspannendes und beruhigendes Kräuterbad:

- Hopfenblüten (2) + Kamille (1)
- Heublumen (3) + Melisse (2)

Aphrodisierende Massageöle

Die Massage durch den Partner ist an sich schon erregend. Diese Erregung läßt sich jedoch noch steigern – durch die Verwendung von Massageölen mit aphrodisierenden Wirkstoffen. Sie lassen sich aus wenigen Zutaten auf einfache Art selbst herstellen. Als Basis dient Kokosöl oder Weizenkeimöl, dazu einige Tropfen ätherischer Öle je nach persönlicher Neigung und eben die Zutaten für den „besonderen Kick".

Jasminöl:

Jasmin (5) + Kardamom (1) + Muskatellersalbei (2) + Rosenblüten (1) + Wacholderbeeren (1)

Alle Zutaten in Kokosöl erhitzen, kurz aufsieden, dann abkühlen lassen und das Öl abgießen. Kann mit ätherischem Jasminöl zusätzlich aromatisiert werden.

Bilsenkrautöl:

Frisches Bilsenkraut in einer Pfanne mit Kokosöl übergießen, eine Stunde ziehen lassen, dann erhitzen und kurz aufsieden. Abkühlen lassen, das Öl abgießen und auch das Bilsenkraut ausdrücken. Dieses Öl ist nicht nur sinnlich und anregend, es löst auch Verspannungen. Kann mit ätherischen Ölen je nach gewünschter Duftnote aromatisiert werden.

Quendel-Tollkrautöl:

Frischen oder getrockneten Quendel und frische Blüten und/oder Blätter des Tollkrauts in Weizenkeim- oder Kokosöl erhitzen. Etwa zwei Minuten sieden und dann abkühlen lassen. Durch ein sauberes Leinentuch abgießen. Kann mit ätherischem Orangenöl zusätzlich aromatisiert werden. Aber Vorsicht: Dieses Massageöl enthält hochgiftige Alkaloide. Es darf nur in geringen Mengen verwendet werden – immerhin entspricht es schon fast einer Hexensalbe!

Safranöl:

Safran in einer Pfanne mit Kokosöl übergießen, eine Stunde ziehen lassen, dann erhitzen und sofort nach dem Aufsieden von der Herdplatte ziehen. Auskühlen lassen und durch ein Tuch ausdrücken. Mit einigen Tropfen ätherischem Sandelholz-Öl parfümieren. Auch mit diesem Massageöl sollte man wegen seiner stark psychoaktiven Wirkung sparsam umgehen. Es heißt, dieses Öl lasse verborgene Phantasien an die Oberfläche treten und beseitige alle Hemmungen ...

Seerosenöl:

Blüten und Blätter der Weißen Seerose (die durchaus rosafarbene Schattierungen aufweisen kann) werden in einer Pfanne mit Weizenkeim- oder Kokosöl übergoßen und erhitzt. Etwa zwei Minuten sieden und dann abkühlen lassen. Etwa eine Stunde nachziehen lasen, dann das Öl durch ein Tuch abgießen und auch die Blütenreste ausdrükken. Ätherisches Öl von Sandelholz, Rose und Verbena sorgt für den passenden Duft. Dieses Öl wirkt stark erotisierend, kann aber auch den Kreislauf schwer belasten.

Kräutermix statt Pharmacocktail

Unter einer Hausapotheke versteht man heute oft eine mehr oder weniger sinnvolle Ansammlung von Pillenpackungen. In der Volksmedizin heißt es dagegen: „Gegen jedes Wehwehchen ist ein Kraut gewachsen", und das gilt vor allem für häufig wiederkehrende Beschwerden wie etwa Wetterfühligkeit oder rheumatische Beschwerden. Die Pillen beseitigen zwar die Symptome und damit das Unwohlsein, Kräuter und vor allem Tees aus Kräutermischungen gehen aber auch an die Ursachen – bei Wetterfühligkeit etwa den instabilen Kreislauf – und sorgen auf diese Weise dafür, daß die Symptome gar nicht erst auftreten. Wie bei allen Teekuren sollte man drei Wochen lang täglich drei Tassen des jeweiligen Tees trinken, dann eine Woche pausieren und anschließend das Ganze wiederholen, eventuell mit einer anderen Teemischung.

Gegen Kreislaufschwäche und niedrigen Blutdruck:

- Johanniskraut (3) + Melisse (3) + Rosmarin (2) + Baldrian (2)
- Weißdorn (3) + Fenchel (2) + Melisse (2) + Baldrian (1)
- Weißdorn (3) + Raute (2) + Bibernelle (2) + Blutwurz (2) + Angelikawurzel (1)

Gegen Bronchitis oder Reizhusten:

- Eibischblätter (3) + Eibischwurzel (3) + Schafgarbe (2) + Gamander (2)
- Spitzwegerich (2) + Schafgarbe (2) + Gundelrebe (1) + Eibischwurzel (2)
- Frauenmantel (2) + Eibischblätter (3) + Lungenkraut (3) + Vogelknöterich (1)

Gegen asthmatische Beschwerden:

- Eibisch (1) + Thymian (1)
- Gartenraute (1) + Bibernelle (3) + Gänsefingerkraut (3)
- Thymian (2) + Veilchen (2) + Sonnentau (3) + Johannisbeerblätter (3)

Gegen rheumatische Beschwerden und zur Minderung von Übersäuerung:

- Birkenblätter (1) + Schachtelhalm (1) + Hagebutte (2) + Wacholder (1)
- Heidekraut (3) + Weidenrinde (2) + Birkenblätter (3) + Hauhechel (2)
- Weidenrinde (3) + Wacholder (3) + Bärlapp (2) + Schachtelhalm (2)

Gegen Menstruationsbeschwerden allgemein:

- Kamille (3) + Baldrian (2) + Schafgarbe (3) + Pfefferminze (1)
- Johanniskraut (3) + Thymian (2) + Ysop (2) + Andorn (1) + Tausendguldenkraut (1)
- Johanniskraut (3) + Heidekraut (1) + Pfefferminze (1) + Birkenblätter (1) + Faulbaumrinde (1) + Baldrian (2) + Kamille (2)
- Schafgarbe (1) + Pfefferminze (1) + Melisse (1) + Gänsefingerkraut (1)

Bei schmerzhafter Menstruation:

- Rosmarin (3) + Gartenraute (2) + Hirtentäschelkraut (1)
- Gartenraute (3) + Melisse (2) + Alantwurzel (2) + Gänsefingerkraut (2) + Kamille (2)

Gegen Prostatabeschwerden:

- Kleinblütiges Weidenröschen
- Schlehe (1) + Bärentraube (1) + Kleinblütiges Weidenröschen (2)

Teemischungen gegen akute Beschwerden

Diese Hausmittel sind nur dann angebracht, wenn eine entsprechende Gesundheitsstörung vorliegt. Eine kurmäßige Anwendung ist nicht sinnvoll.

Gegen Erkältung und Grippe:

- Salbei (3) + Bibernelle (3) + Lindenblüten (1) + Löffelkraut (1)
- Holunderblüten (3) + Angelikawurzel (2) + Kamille (1)
- Eukalyptusblätter (2) + Holunderblüten (3) + Salbei (2)

Gegen Durchfall:

- Kamille (3) + Eichenrinde (2) + Wermut (1) + Holunderbeeren (1)
- Lungenkraut (3) + Eichenrinde (2) + Schachtelhalm (2)
- Schafgarbe (3) + Tormentillwurzel (3) + Schachtelhalm (2) + Wermut (1)
- Hirtentäschelkraut (3) + Tormentillwurzel (2) + Wiesenknöterich (2)

Gegen Verstopfung:

- Brennesselblätter (3) + Löwenzahnwurzel (2) + Faulbaumrinde (2)
- Holunderblüten (3) + Sennesblätter (3) + Anissamen (2) + Fenchelsamen (2)
- Anissamen (3) + Faulbaumrinde (3) + Kreuzdorn (1)

Bibliographie

Ahrendt-Schulte, I., Weise Frauen – böse Weiber, Freiburg 1994

Apuleius, Der Goldene Esel, Frankfurt/M. 1992

Aram, K., Magie & Zauberei in der Alten Welt, Wiesbaden o. J.

Budapest, Z. E., Das magische Jahr, München 1996

Budge, E. A., Egyptian Magic, London 1979

Budge, E. A., The Gods of the Egyptians, New York 1969

Davies, N., Weltgarten der Lüste, Düsseldorf 1986

Dioskurides, Arzneimittellehre, Stuttgart 1902

Dodds, E. R., Die Griechen und das Irrationale, Darmstadt 1970

Eliade, M., Schamanismus und archaische Ekstasetechniken, Frankfurt 1982

Gelpke, R., Vom Rausch in Orient und Okzident, Frankfurt/M. 1982

Gessmann, G. W., Die Pflanze im Zauberglauben, Den Haag 1963

Hansen, H. A., Der Hexengarten, München 1981

Heinson, G. und Steiger, O., Die Vernichtung der Weisen Frauen, München 1994

Höhle, S., Rausch und Erkenntnis, München 1986

Jäger, H., Der Apothekergarten, Leipzig 1913

Jung, C. G., Erinnerungen, Träume, Gedanken, Zürich 1963

Jung, C. G. und Wilhelm, R., Das Geheimnis der Goldenen Blüte, Zürich 1957

Köhler, M. Th., Die Weisheit des Mythos, Mörlenbach 1995

Labouvie, H., Zauberei und Hexenwerk – Ländlicher Hexenglaube in der frühen Neuzeit, Frankfurt/M., 1991

Lad, V., und Frawley, D., Die Ayurveda Pflanzenheilkunde, Haldenwang 1987

Langlotz, E., Aphrodite in den Gärten, Heidelberg 1954

Lehmann, F. R., Rezepte der Liebesmittel, Heidenheim 1955

Leland, C. G., Aradia – Die Lehre der Hexen, München 1979

Lewin, L., Phantastica, Linden 1981

Luchterhand, J., Griechentum und Urreligion, Bonn 1992

Manniche, L., An Ancient Egyptian Herbal, London 1989

Manniche, L., Liebe und Sexualität im alten Ägypten, München 1988

Marzell, H., Zauberpflanzen – Hexentränke, Stuttgart 1964

Miller, R. A., The Magic and Ritual Use of Herbs, New York 1983

Mitscherlich, G., Wald, Zauber und Wirklichkeit, Freiburg 1982

Paracelsus, Mikrokosmos und Makrokosmos – Okkulte Schriften, Wiesbaden 1994

Schultes. R. E., und Hofmann, A., Pflanzen der Götter, Bern 1980

Starck, A. T., Der Alraun, Berlin 1986

Walker, B. C., Die geheimen Symbole der Frauen, München 1997

Walker, B. C., Die spirituellen Rituale der Frauen, München 1998

Wilhelm, R., I-Ging, Das Buch der Wandlungen, Düsseldorf/Köln 1956

Inhalt